赖楚谣◎著

算法生活

短视频平台算法与内容创作者

ZHEJIANG UNIVERSITY PRESS

浙江大学出版社

·杭州·

图书在版编目（CIP）数据

算法生活 ： 短视频平台算法与内容创作者 ／ 赖楚谣
著. -- 杭州 ： 浙江大学出版社，2024. 6. -- ISBN 978-
7-308-25122-8

Ⅰ．F713.365.2

中国国家版本馆 CIP 数据核字第 2024LF0416 号

算法生活：短视频平台算法与内容创作者

赖楚谣　著

策　　　划	陈　洁　黄静芬	
责任编辑	黄静芬	
责任校对	田　慧	
封面设计	周　灵	
出版发行	浙江大学出版社	
	（杭州市天目山路148号　邮政编码310007）	
	（网址：http://www.zjupress.com）	
排　　版	杭州林智广告有限公司	
印　　刷	杭州高腾印务有限公司	
开　　本	710mm×1000mm　1/16	
印　　张	13.75	
字　　数	201千	
版 印 次	2024年6月第1版　2024年6月第1次印刷	
书　　号	ISBN 978-7-308-25122-8	
定　　价	65.00元	

P R E F A C E 序 ▶

本书是在我的博士论文的基础上写成的。我的博士研究成果能继续完善、出版，并成为我人生中的第一本专著，需要感谢华东政法大学传播学院和中国博士后科学基金（项目编号：2023M731123）的资助，也感谢浙江大学出版社，特别是黄静芬编辑，在出版过程中给予的建议和帮助。

这本书研究的主要对象是短视频平台中的算法与内容创作者。早在2018年，我开始着手规划攻读博士学位期间的研究时，就开始对短视频平台和短视频内容创作者进行关注。在那时，短视频应用已经以令人惊异的速度在中国获得了大量的活跃用户。但在当时的新闻传播学界，针对这一新媒介的研究还是稀少的，实证的研究就更少了。因此，我的博士研究生导师，复旦大学新闻学院陆晔教授鼓励我开展关于短视频的研究。在随后的几年中，随着短视频平台的持续高速发展，业界和学界对于短视频的关注和讨论也越来越丰富。到2020年，我正式开始博士研究时，面对的正是短视频平台的功能和内容日趋包罗万象、短视频创作者的媒介实践纷繁复杂这样一种状况。这对当时需要聚焦研究问题的我来说，无疑是一个巨大的挑战。我时常想到复旦大学新闻学院孙玮教授和我们说的话："很多同学来找我说一个很大的题，比如说想做短视频的研究，问我这个题能不能行，我的回复就是做短视频的研究当然没问题，关键是

i

短视频平台算法与内容创作者

你的切入点是什么。"这番话在我开始构思博士研究的时候常常在我脑中回响。事实上，我最初的研究问题和本书关注的问题可以说差距极大。在一段时间之后，在引论中我也提到了，当我真正开始进入"田野"中，本书聚焦的研究问题——短视频内容创作者与算法之间的关系才浮现出来。在进入"田野"之后，我才察觉到，之前关于短视频内容创作者的预设以及试图发展的理论是多么浮于表面和缺乏解释力。或许这就是民族志研究的有趣之处，看似合理的预设常常被推翻，真实的社会生活会主动诉说一切。唯有放下一些"定见"和"倾见"，对广阔而复杂的社会生活抱有开放的态度，才有可能获得真正的研究问题并对其进行有力的解释。

虽然本书聚焦的是算法技术，但实际上算法只是一种新技术的代表。本书的目的是讨论新技术如何与我们的日常生活深度交织，启发我们关于新技术与社会生活的重新理解。这些理解既映照当下，也关涉未来。我试图突破对算法的纯粹技术性理解，从算法与日常生活的交叉点出发，从被边缘化的用户出发，借由那些具体可察的真实经验，说明算法生活如何构成，如何运作，如何折射当下宏观社会正在经历的变迁。现在，短视频创作者的实践和算法的技术细节又有了一些新变化。正如我在本书结论中所说的，在算法生活中，持续性变动是常态。新变化使得新的问题涌现出来，但这项研究中的发现依然能为其中一些基础性问题提供解释。此外，为使本书看起来更清晰，我也省略了一些与研究问题关联不大，但是很有趣的研究发现。希望这些内容之后有机会以其他形式和大家见面。对于新技术和日常生活的讨论和研究仍将继续，本书仅是一个开始，希望能够借由此书与更多关注新技术的同行讨论。

ACKNOWLEDGEMENTS

致
谢

我进行这项研究的时间几乎与新冠疫情的时间重合，从 2020 年开始构思研究，到进行线上的"田野"、线下的"田野"，再到写作本书，中间多有波折。但在疫情期间，我居然能见缝插针地进行实地田野调查，完成这项研究，最终得以出版这本专著，绝对称得上是幸运。这本书现在能以这样的面貌呈现，实在离不开太多人的帮助。

我首先将最由衷的感谢献给所有的被访者。他们那么鲜活、有智慧、有生命力，不论是在研究之内，还是研究之外，他们都常常给我刺激和启发。我的被访者中有很多是短视频的内容创作者，他们日常其实非常繁忙，时间对他们来说非常宝贵，但是他们却愿意抽出大量的时间和我聊天，和我分享他们的生活。同样繁忙的被访者还有那些算法技术专家，感谢他们在百忙之中抽出时间接受我这个算法门外汉的访谈。这项研究的田野工作还得到了刺猬公社、快手、甘肃省定西市渭源县政府的大力协助。感谢刺猬公社的叶铁桥、刘一凡和石灿为我联系短视频创作者，和他们的谈话使我更加了解互联网的前沿动态，也更了解短视频平台和内容创作者的状况。

这项研究从开始到现在阶段性的完成，都有赖于我的导师陆晔教授方方面面的指导和支持。她永远那么酷，那么温暖，那么爱学生。能成为老师的弟子，

i

我一直觉得自己非常幸运。攻读博士学位期间，我感到困苦和失落的次数远多于欢乐。对我来说，难度在于学术的高峰看起来永远高不可攀，增长知识的过程中反馈很少、很慢，我又时常感受到与前辈和同侪之间巨大的智识上的差距，所以很多个深夜，我都因为无法突破瓶颈而辗转难眠。但在从事这项研究期间，陆老师总是在我与她讨论时先肯定我的一些工作，然后想办法帮我推进研究。这不仅对研究的提升具有非常重要的意义，还给了我心理上莫大的安慰和鼓励。感谢复旦大学新闻学院的孙玮教授、潘霁教授，从初稿开始，一直到后面的多次修改，他们见证了这本专著慢慢成形、修修补补的全过程，每一个环节他们都给予了我非常有帮助的建议和意见。感谢刘海龙老师、周葆华老师、张力奋老师、刘鹏老师、章平老师、李梦颖老师为这项研究提出的宝贵意见和建议。

感谢我的家人们和朋友们。他们不计得失地充当我的后盾，各显神通地帮助我。虽然我和家人相距遥远，但是每次联系他们都在关心我的研究、生活和心情。感谢我的爱人郭超博士，他不仅是我的丈夫，还是我学术路上相随的伙伴。我常常和他分享我读的书、我正在思考的观点。他是我很多想法的第一位听众。我们彼此陪伴度过了硕博阶段的全部时光，他见证了我的高光时刻，更在我低落的时候支持我，一直相信我，尊重我。在我从事这项研究和写作本书的攻坚阶段，他充分发挥了吃苦耐劳、舍己为人的精神，辅助我率先博士毕业并完成这本专著。我想把这本书作为一个小小的礼物送给他们。

C O N T E N T S 目录 ▶

引　论

2020 年 9 月，我开始着手研究短视频平台上的内容创作者。一天下午，我如同往常一样打开抖音，刷着短视频，并将我的观察记录在田野笔记当中。偶然间，我刷到了一位来自新疆喀什的创作者张姐，当时她正在直播间里和粉丝闲聊：

> 我这个小号直播今天才开第四天，现在人还少呢。但是要坚持播，你一天播多少次，播多长时间，有多少人看，这些算法都是会记着的。千万不能断直播，要坚持播到第七天，算法就会把那个流量口打开了，到那时候人才多呢。……不过，一般"抖爸爸"①的算法就是刚开始的时候会给你推流量，刚开始你肯定人多一点，但是这些流量都是"路过"的，你们知道吧？要把这些过路的变成你的铁粉，你要让他们加入粉丝团，送个灯牌，算法记这个呢！我看点小红心都不如加这个、加粉丝团管用。加粉丝团才一毛钱，你让他们加上一个，"抖爸爸"就知道你这人气旺，就给你多推流量。（账号）这才能（做）起来呢！

直播间里的张姐看起来四五十岁，身材微胖，和那些我们常在短视频平台刷到的这个年纪的主播相比并没有太多不同。唯一的特别之处就在于她当时所谈论的内容。她用带着浓重安徽口音的普通话和朴素的口头语阐述着她对于算法的理解。我感到既震惊又好奇，这样的情绪源于这样充满强烈反差的场景——一个普通话都说得不是很好的，甚至不识字的中年农村妇女，却能对一些研究者都望而生畏的算法侃侃而谈。原先因短视频创作者丰富的媒介实践而无从聚焦研究问题的我有了新的思路，我开始思索

---

① 即"抖音爸爸"，创作者们对抖音平台的一种人格化称呼。

这些创作者与平台的技术性架构之间的关系，并开始对创作者与平台之间如何展开互动充满兴趣。

在后来的接触中，我逐渐从张姐那里得到了更多的信息。张姐生于1972年，家中有姊妹四人，父亲早亡，家中贫困，年轻时就从安徽的农村嫁到了新疆喀什，生养了一儿一女。她几乎不识字，认得的少数几个字还是做了创作者之后在直播间学会的，但她吃苦耐劳又善于思考。张姐在做短视频创作者之前卖过凉皮、卖过猪肉、开过废品收购站。与大量和她处于类似境遇的中国女性一样，她只能依靠辛勤的劳动来改善生活状况。张姐夫妇攒了多年的积蓄才盖了楼房，买了汽车，生活变得比从前宽裕，但为了两个孩子，她还是经常琢磨怎么才能多挣点钱。三年前，张姐经朋友介绍开始接触短视频平台。朋友告诉她，不少人靠拍短视频和直播挣了钱。善于把握机会的张姐就开始盘算："当主播又不用啥成本，有个手机就能拍就能播，咱也能靠这个赚钱。"当主播的经济成本如此之低，一方面得益于智能手机的低廉价格，一部普通智能手机仅需一千多元甚至几百元，如果是二手的，那价格还能更低；另一方面也得益于移动互联网基础设施在中国的普及及其资费的相对低廉，即使是在偏远的乡村也能实现移动互联网的全覆盖。这也是短视频应用能在中国以惊人的速度普及并渗透进国人的日常生活的重要原因之一。

"玩"短视频后不久，张姐就发现，要想在短视频平台上挣到钱就必须获得流量。那么怎样才能获得大流量呢？张姐在别的主播那里学习到，流量都是"抖爸爸"的算法送的，唯有读懂算法的规则，"玩转"算法，才能最终成功。于是，张姐开始潜心学习算法。平时没事的时候，她会经常看一些讲算法的直播或短视频，同时她也从自己的创作经验中总结算法的规律，通过一些小试验测试算法的规律。她常常绞尽脑汁，就是为了获得算法的"青睐"，抑或是"骗过"算法的严密监控。与算法"斗智斗勇"成了张姐的每日必修课。现在的张姐，也开始在直播间分享她对于算法的认识和应对算法的策略，就如同她在其他直播间看到的那样。

从张姐的故事中，我们看到算法绝不仅仅是技术性的抽象计算过程，更是塔尔顿·吉莱斯皮（Tarleton Gillespie）所说的用户每天使用的东西[1]，嵌入更广泛的社会—技术集合之中[2]。算法悄无声息地潜入我们的日常生活，早已成为当今世界的一个文化逻辑。可以说，算法嵌入了网络社会的几乎所有领域，成了我们理解传播实践和社会生活的基础性框架。以算法为代表的一系列互联网技术的推进不仅仅是技术对象本身令人惊异的发展，更与人和社会的新可能性紧密相连。这些新可能性暗示，当下的中国社会正在人与技术的相互作用下经历着影响深远的变迁，其间关涉多种关系的颠覆性革新，包括大众和精英的关系、性别关系等。

迅速兴起、普及并深刻嵌入日常生活的短视频平台可被视为一种由算法驱动的可编程数字架构，其主要功能的实现依赖基于深度神经网络（deep neural networks）模型的推荐算法系统。因此，短视频平台提供了一个研究社会性层面算法的具体场景。本书通过考察短视频平台内容创作者这一群体与算法进行互动的全过程，探讨人们如何理解和应对深刻嵌入乃至构成他们日常生活的算法，以及从中浮现的新社会样态的可能。进一步而言，本书探讨的是以下相互关联的问题：为什么短视频内容创作者需要与算法展开互动？短视频内容创作者如何在感知维度上理解和解释算法，并在更广泛的社会层面上共享、组织和发展它们？基于这些社会性的算法知识，他们如何展开应对短视频平台算法的实践？流量、算法解释和算法实践的叠加如何反映在直播村这一集中化场景中？这对于直播村社会样态的形塑有何意义？其实，上述具体问题最终指向的是：在因新技术而日新月异的中国，我们应当怎样重新概念化算法参与构成的日常生活，以便能够理解算

---

[1]　Gillespie T. The relevance of algorithms[M]//Gillespie T, Boczkowski P J & Foot K A. *Media Technologies: Essays on Communication, Materiality, and Society*. Cambridge, MA: MIT Press, 2014: 167-193.

[2]　Kitchin R. Thinking critically about and researching algorithms[J]. *Information, Communication & Society*, 2017, 20(1): 14-29.

法所带来的社会变迁和新的可能性?

在短视频平台上,无数的创作者每天像张姐一样,卷入和算法永无止境的互动之中。张姐和其他的短视频创作者像是一个窗口,通过他们,我们能看到新技术是如何与具体的日常生活深度融合的。因此,本书以短视频创作者与算法的互动为切入点,管中窥豹,旨在回应现阶段新技术与人的关系问题,以及理解整个宏观中国社会正在兴起的变迁。

通过对短视频创作者进行的民族志研究与访谈,以及对短视频直播村进行的实地田野观察,本书将算法置于社会和文化系统中,系统性地呈现和讨论了短视频内容创作者和算法的复杂互动。其中包含两条逻辑线索:一是从感知到实践,随着与算法互动程度的加深逐步向纵深方向发展;二是从个体到普遍,指向这种复杂互动的生成和自然的横向扩张过程。由此,算法嵌入日常生活的过程将具体从以下四个紧密相关、逐层递进的维度展开。

第一,对流量的认知和反应是理解和解释算法的前置基础,人们与算法展开互动的起点可被追溯至与流量数据反馈相关的感知和反应。在短视频平台这一流量媒体中,流量是涉及可见性和注意力占用程度的资源。短视频平台上的权力以流量的形式表现,吸引或控制的流量越大,在短视频平台上的权力也就越大,对于流量的控制能力构成了短视频平台上的权力结构。

第二,基于对流量数据的感知,在一些特定的算法时刻和情境中,创作者对算法的意识、感觉、情绪和想象力的独特组合被激发,开始尝试理解这一复杂的技术系统。创作者的经验显示,对算法的理解绝不仅仅是一个技术解释的问题,而是涉及个体和集体协作式的解释过程。这些理解也不是虚幻的,因为正是这些不精确的、处在不断变动中的、自下而上生成和组织的对算法的理解,直接指导了人们如何制定与算法进行互动的策略,以及如何对算法做出回应,进而改变社会现实。

第三,这些用户应对算法逻辑和流量分配机制的个体或协作式行为被

定义为算法实践，在本书中以"测试"算法、"驯化"算法、"回应"算法
和"抵抗"算法等形式呈现。日常生活提供一个弹性空间，使创作者可以
从中生成这些遵循、修改、抵制和颠覆算法意图的实践，通过这些算法实
践他们又可以针对推荐算法制定不同的权力和阻力模式。用户与算法的协
同作用使他们共同加入反馈回路循环之中，人与算法之间形成了递归的
"权力关系"。

第四，由点及面，短视频内容创作者们聚集的短视频直播村成了流量、
算法解释与算法实践相互叠加的集中化场景，代表了一种与社会性层面的
算法紧密相关的新社会样态的浮现过程。与算法相关的意识、想象、解释
和实践成为向物质性和象征性层面直播村社会转型的关键因素。

算法与人的复杂互动代表了现阶段的互联网信息技术与我们的日常生
活相互交织的一种形式。我认为，在当下，算法不仅成为人们生活的"中
介"，更"构成"了人们的生活。我由此提出"算法生活"这一概念，它既
关涉主体的想象，又关涉主体的实践，更关涉整个社会机制的改变。算法
生活构成的关键性条件包括算法的深度社会嵌入性和算法成为新形式可见
性的"中介"，其特征反映为永恒变动的状态。算法生活揭示了一系列颠覆
性权力关系生成的可能，并最终指向一种可编程世界的可能性。

第一章
短视频平台、算法与
内容创作者

算法生活

短视频平台算法与内容创作者

第一节　短视频平台：作为推荐算法驱动的超级平台

2012 年，用于制作、分享动图的手机软件快手转型为用户记录和分享日常生活的短视频平台。2016 年，字节跳动公司发布了被命名为"抖音"的短视频平台。2017 年，抖音在海外以 TikTok 为名发布。当时，人们很难预料到，在今后的几年间，这类以制作和分享短视频为特色的平台会迅速崛起、普及，成为中国乃至世界范围内人们日常最经常使用的一类社交平台。《第 51 次中国互联网络发展状况统计报告》中的数据显示，截至 2022 年 12 月，我国短视频用户规模为 10.1 亿，占网民整体的 94.8%。[①] 2022 年 10 月，在全球范围内 TikTok（抖音海外版）的日活用户数也已超过了 10 亿。[②] 短视频已经成为仅次于即时通信的第二大网络应用领域。在日常生活的经验层面，短视频平台广泛普及并在社会各个领域中异军突起。

本书聚焦的正是这一广泛兴起并深刻嵌入日常生活当中的社交媒体平台——短视频平台。平台最为人所熟知的定义是："在线平台是一种可编程的数字架构，旨在组织用户之间的交互……它面向用户数据的系统收集、

---

① 中国互联网络信息中心（CNNIC）. 第 51 次中国互联网络发展状况统计报告 [R/OL]. (2023-03-02) [2023-06-10]. https://cnnic.cn/NMediaFile/2023/0322/MAIN16794576367190GBA2HA1KQ.pdf.
② 凤凰网. TikTok 全球日活突破 10 亿大关　仅有四个 App 曾达成此成就 [EB/OL]. (2022-10-18) [2023-01-22]. https://tech.ifeng.com/c/8KDQdxsIBm4.

算法处理、流通和货币化。"①毫无疑问，作为在线社交平台的一个子类，短视频可以被视作可编程的数字平台（programmable digital platform）。

中国数字经济的核心是数字和社交媒体平台生态系统，多个利益相关者——用户、运营商、政府——以及几乎所有市场和行业都依赖这个生态系统②。在这个生态系统中，几乎所有的平台都试图或已经成为超级平台（hyper platform）。其平台化的深度和广度远超国外。这是中国互联网社交平台独具特色的趋势，大卫·克雷格（David Craig）、林健和斯图尔特·坎宁安（Stuart Cunningham）将其称为超平台化（hyper platformization）③。每个超级平台都涵盖了信息分享与获取、社交、购物、游戏等多种功能，它们提供近乎无摩擦的一站式服务。只需使用一个平台，用户就可以获得他们需要的几乎所有服务。微信平台、支付宝平台等都是超平台化趋势下的产物。现在，以抖音和快手为代表的短视频平台也同样具备了超级平台的基本形态。短视频呈现出平台在当今社会所共有的基本特征：作为一种数字化的基础设施，平台通过广泛接入与触达来实现社会关系的连接和社会资源的重组。④通过平台中介，不同参与者被聚合在一起，包括消费者、广告商、服务提供者、生产者、供销商，甚至数码物品、实体物品等。⑤因此，现在抖音和快手等平台早已不仅仅具有短视频分享功能，更是囊括直播、支付、社交、电商、本地生活等多种功能布局。目前，短视频平台主要的功能大致可以涵盖三个领域：视觉模态的内容分享与获取、社交、电商。

首先，视觉模态的内容分享与获取是短视频平台目前最主要的功能。

---

① van Dijck J, Poell T, De Waal M. *The Platform Society: Public Values in a Connective World*[M]. Oxford: Oxford University Press, 2018: 4.
② Craig D, Lin J, Cunningham S. *Wanghong as Social Media Entertainment in China*[M]. Cham: Palgrave MacMillan, 2021: 68.
③ Craig D, Lin J, Cunningham S. *Wanghong as Social Media Entertainment in China*[M]. Cham: Palgrave MacMillan, 2021: 60.
④ 孙萍，邱林川，于海青. 平台作为方法：劳动、技术与传播[J]. 新闻与传播研究，2021（S1）：8-24，126.
⑤ 孙萍，邱林川，于海青. 平台作为方法：劳动、技术与传播[J]. 新闻与传播研究，2021（S1）：8-24，126.

用户使用短视频平台的重要动机之一就是分享和获取视频模态的信息。视觉模态的内容不同于文字或语音模态，其数据量和处理的复杂程度都远超其他模态的内容。由于硬件发展，算力大幅度提升，基于神经网络方法的算法才能对海量的视频模态内容进行识别和分析。同时，这些不断迭代的推荐算法系统高效地处理海量用户生产的内容，并将这些内容精确地分发给个人。

其次，短视频平台的主要功能之一是社交。2020 年，抖音上线了"朋友"功能，以强化其社交属性。各大短视频平台不断强化社交功能，这已经成为行业内具有共识性的趋势。抖音和快手两大短视频平台都试图兼顾陌生人社交和熟人社交。短视频平台使人们得以重新联结旧的关系，建立新的关系。研究者在实地的田野调查过程中发现，在中国北方的乡村中，快手平台承担了重要的社交功能。例如，在甘肃舟曲，快手的用户渗透率超过 35%，县城的人们交友时不仅要加微信，还要加快手。

再次，短视频平台目前发展最迅猛的当属电商功能。2022 年，抖音和快手两大短视频平台均上线了"商城"入口，平台内的电商产业生态持续完善。2022 年 6 月，抖音短视频播放量同比增长 44%；用户通过内容消费产生商品消费，短视频带来的商品交易总额同比增长 161%。[①] 2022 年第三季度，快手电商商品交易总额达 2225 亿元，同比增长 26.6%。[②] 依托于高效精准的算法推荐系统，商品和人的匹配在短视频平台上也显得比以往任何时候都更便捷。短视频和直播间里，用户足不出户就可以一键买到几乎任何想购买的商品。短视频平台电商迅速发展的背后是"短视频＋直播"电商产业链的不断完善成熟。一系列的配套上下游产业——如生产、包装、物流、直播培训等——紧密围绕"短视频＋直播"的电商新模式蓬勃兴起。这

① 抖音电商：用内容创造消费流行：2022 抖音电商商品发展报告 [EB/OL]. (2022-10-24)[2023-06-10]. http://www.199it.com/archives/1509281.html.
② 中国互联网络信息中心（CNNIC）. 第 51 次中国互联网络发展状况统计报告 [R/OL]. (2023-03-02) [2023-06-10]. https://cnnic.cn/NMediaFile/2023/0322/MAIN16794576367190GBA2HA1KQ. pdf.

又直接催生了直播村、直播镇、直播城的繁荣，在地域上形成直播电商的集群效应。

其实，上述功能并非短视频平台所独有的，早在短视频平台出现之前，一些具有代表性的社交媒体平台就已经提供了类似的功能。例如，已被 Twitter（推特）[①]收购的短视频应用程序 Vine，从发布伊始就具有制作和分享时长不到 6 秒的短视频的功能，更不必说在 2010 年之后风靡全中国的各类直播应用。现在，主要的社交媒体平台都提供短视频和直播相关的服务。如果仅从短视频平台提供的功能来说，其实很难解释为何它们会在这样短的时间内风靡全球。已有的研究共同认可了另一种解释，即短视频平台区别于之前的社交媒体平台并取得巨大成功的原因在于"算法"。有研究者称，TikTok 与其他的社交媒体最大的不同即在于，其前所未有的以算法驱动的内容流和以用户体验为中心的定位。[②]

以抖音和快手为代表的短视频平台与其他社交媒体平台最显著的区别在于其核心功能是由推荐算法驱动的，其平台逻辑至少通过三个子过程构建：算法（algorithm/algorism）、大数据（big data）和机器学习（machine learning）/自动化（automation）。[③]在这三个子过程中，算法在组织其他两个子过程时起着支配性（governing）作用。短视频平台主要功能的实现都建立在极为高效、不断迭代的推荐算法系统的基础之上。因此，可以说短视频平台的核心技术架构是基于深度神经网络模型的推荐算法。推荐算法根据输入的百亿到千亿规模的特征刻画用户行为，再进行关系学习和预测。短视频平台中的绝大部分内容经由算法进行分析、筛选，并根据用户行为数据匹配给相应的可能对此感兴趣的用户。推荐算法系统作用于内容与用

---

① Twitter 已于 2023 年 7 月 24 日更名为 X。

② Xu L, Yan X, Zhang Z. Research on the causes of the "TikTok" app becoming popular and the existing problems[J]. *Journal of Advanced Management Science*, 2019, 7(2): 59-63; Bhandari A, Bimo S. Why's everyone on TikTok now? The algorithmized self and the future of self-making on social media[J]. *Social Media+Society*, 2022, 8(1): 20563051221086241.

③ Zhang W, Chen Z, Xi Y. Traffic media: How algorithmic imaginations and practices change content production[J]. *Chinese Journal of Communication*, 2020, 14(1): 58-74.

户两端，需要对二者的关系进行机器学习，以最终实现精准匹配。

在短视频平台上，最重要的功能就是视频内容的分享和获取。每天上亿条视频内容要分发给数亿用户，如果离开推荐算法，完成这个任务就是天方夜谭。推荐算法系统的核心在于提效，要高效地对海量的视频内容进行分析，同时依据用户行为数据进行关系学习，最终将个性化的内容推荐至每一位用户的首页瀑布流。同时，海量的视频内容又提供了训练推荐算法的数据集，不断促进推荐算法的优化迭代。

从社交角度来说，短视频平台的推荐算法为人们提供了进行连接的机会。依据行为数据而进行推荐的算法机制将具有相似特征的人群汇聚到一起。贵州深山里的短视频内容创作者三妹在提到快手给她的生活带来的变化时说："我特别感谢快手，如果不是快手我也不会遇见我的那些铁粉。她们和我很像，我们都很聊得来。"对于三妹来说，快手不仅仅改善了她的经济状况，更重要的是让她跨越空间的限制认识了大山之外的"姐妹们"。这些与她相似的女性用自己的人生经验指导她度过人生的低谷，给予她支持，也陪伴她成长。三妹说："我一遇到什么难事，就想在直播里和她们说一说。"一种数字空间中的姐妹情谊（sisterhood）经由算法得以联结和发展，成为女性支持关系网的雏形。唢呐演奏家陈先生也同样提及了算法的影响："之前可能有很多人都对唢呐感兴趣，但我们都互相不知道，所以有这个算法之后，很神奇，这些对唢呐感兴趣的人自然就关注我了，都成了我的粉丝。"现在陈先生的快手粉丝数已经超过80万。80万的唢呐兴趣者在庞大的人口基数中只是很小的一个群体，但在短视频平台上，他们得以因为共同的兴趣汇聚在一起。算法通过识别和分析用户行为数据，使得新的关系和社群可能从中生发。

电商则是推荐算法发挥重要作用的又一领域，其本质是消费者与商品的匹配连接。算法可以根据消费行为数据、消费者画像、其他网站行为数据协同向用户进行商品推荐。同时，不论是短视频带货还是直播带货，视频模态都能传递比图文更多维度、更直观、更细颗粒度的商品信息。

总之，推荐算法构建了短视频平台的底层技术逻辑，短视频平台的核心功能依靠推荐算法系统得以驱动。短视频平台收集和掌握大量的用户数据，但数据的利用以及实现效果都依赖于算法在数据组织中起到的支配性作用。具体来说，算法设置了用户与数据交互的规则，并进一步生成数据。[①]也就是说，脱离了算法系统，数据也会变得毫无意义。算法是短视频平台作为超级平台的一系列重要功能得以实现的基础性技术架构，因此，本书中所说的短视频平台指的是在中国语境下这种以算法系统为驱动的超级平台，其核心功能包括视觉模态内容的分享与获取、社交、电商等。也正是出于上述原因，由推荐算法驱动的短视频平台可被视为一个独特场景，使我们得以集中观察人与算法之间持续性互动的过程，以及算法嵌入日常生活所带来的社会可能。

第二节　算法：技术性与社会性的双重理解

一、算法的技术性定义

"算法"一词并不是一开始就与计算机科学和互联网技术相关的。根据宫崎慎太郎（Shintaro Miyazaki）的考证，"算法"一词的提出可以追溯到12世纪的西班牙。阿拉伯数学家穆罕默德·花拉子米（Muhammad ibn Mūsā al-Khwārizmī）关于使用数字进行加减乘除的手稿被翻译成拉丁语，此后，"算法"（algorism）一词就被用来指代这种"执行书面初等运算的具体步骤

---

① Zhang W, Chen Z, Xi Y. Traffic media: How algorithmic imaginations and practices change content production[J]. *Chinese Journal of Communication*, 2020, 14(1): 58-74.

方法"①，并"开始描述任何系统或自动计算的方法"②。直到 20 世纪中叶，随着计算科学和早期高级编程语言（如 Algol 58、Algol 60）的发展，算法符号的概念才在计算科学的学术界中传播开来。算法被理解为一组定义的步骤，如果按照正确的顺序来计算，输入（指令和/或数据）就能产生期望的结果。③随着计算机技术的突飞猛进，现在计算科学界将算法的定义扩大为"对一个问题或一系列问题的解决方案的完整描述，它利用系统的方法来制定解决问题的策略机制"④。

　　因此，技术性层面的算法实际上是一种涉及系统地解决问题的策略机制的完整方案。具体来说，技术性层面的算法涉及逻辑和控制：逻辑是特定领域的问题部分和指定解决方案的抽象公式和表达（做什么）；控制是解决问题的策略和在不同场景下处理逻辑的指令（如何做）。⑤问题必须被抽象并构造成一组指令（伪代码），然后对这些指令进行编码。⑥一个计算机程序需要将许多相对简单的算法组织在一起，形成大型的、复杂的递归决策树⑦，其过程依然与逻辑和控制有关。罗布·基钦（Rob Kitchin）因此认为，生成算法包括两个关键的翻译挑战：第一步是将任务或问题转换为具有适当规则集的结构化公式（伪代码）；第二步是将伪代码转换为编译后将执行任务或解决问题的源代码。⑧这两种翻译都具有挑战性，需要精确定义任务/问题是什么（逻辑），然后将其分解成一组精确的指令，并考虑任何意外

---

① Miyazaki S. Algorhythmics: Understanding micro-temporality in computational cultures[J]. *Computational Culture*, 2012, 2: 1-16.

② Steiner C. *Automate This: How Algorithms Took over Our Markets, Our Jobs, and the World*[M]. New York: Portfolio, 2012: 55.

③ Miyazaki S. Algorhythmics: Understanding micro-temporality in computational cultures[J]. *Computational Culture*, 2012, 2: 1-16.

④ Sedgewick R, Wayne K. *Algorithms*[M]. Boston: Addison-Wesley Professional, 2011.

⑤ Kowalski R. Algorithm= logic+control[J]. *Communications of the ACM*, 1979, 22(7): 424-436.

⑥ Goffey A. Algorithm[M]//Fuller M. *Software Studies—A Lexicon*. Cambridge, MA: MIT Press, 2008: 15-20.

⑦ Neyland D. On organizing algorithms[J]. *Theory, Culture & Society*, 2015, 32(1): 119-132.

⑧ Kitchin R. Thinking critically about and researching algorithms[J]. *Information, Communication & Society*, 2017, 20(1): 14-29.

情况，如算法在不同条件下应如何执行（控制）。[①] 计算机科学关注的是如何设计算法，确定其效率，并从纯技术角度证明其为最优解，即使讨论的是算法在现实环境中的工作，其重点还是算法在实践中如何执行特定任务。正如尼克·西弗（Nick Seaver）所说，算法被理解为"严格的理性关注点，将数学的确定性与技术的客观性结合起来"；关于算法的其他知识，如它们的应用、效果和循环，则是严格脱离框架的。[②]

在技术性层面，算法通常被理解为将数据转化为可预期结果的编码程序。[③] 但正如基钦所提示的，这在某种程度上是一种简化，算法需要被理解为关系的、偶然的、语境性的，在更广泛的社会—技术集合的背景下被架构。[④] 从这个角度来看，"算法"是一个更广泛的工具中的一个元素，这意味着它永远不能被理解为一种技术的、客观的、公正的知识形式或操作模式。[⑤] 大卫·比尔（David Beer）更进一步提出，我们需要将算法视为知识机器的一部分：首先，算法"通过实质性干预"来进行推荐，影响人们日常决策；其次，"算法"一词通过"生产和维护某些真理"来传达某些概念并提供社会权力。[⑥] 因此，算法被批判学者们设想为"意识形态控制"技术和"数据主体"生产中的关键部件。[⑦]

① Kitchin R. Thinking critically about and researching algorithms[J]. *Information, Communication & Society*, 2017, 20(1): 14-29.

② Seaver N. Knowing algorithms[M]//*DigitalSTS: A Field Guide for Science & Technology Studies*. Princeton: Princeton University Press, 2019: 412-422.

③ Gillespie T. The relevance of algorithms[M]//Gillespie T, Boczkowski P J, & Foot K A. *Media Technologies: Essays on Communication, Materiality, and Society*. Cambridge, MA: MIT Press, 2014: 167-193.

④ Kitchin R. Thinking critically about and researching algorithms[J]. *Information, Communication & Society*, 2017, 20(1): 14-29.

⑤ Kitchin R. Thinking critically about and researching algorithms[J]. *Information, Communication & Society*, 2017, 20(1): 14-29.

⑥ Beer D. The social power of algorithms[J]. *Information, Communication & Society*, 2017, 20(1): 1-13.

⑦ Cohn J. *The Burden of Choice: Recommendations, Subversion, and Algorithmic Culture*[M]. New Brunswick: Rutgers University Press, 2019; Prey R. Nothing personal: Algorithmic individuation on music streaming platforms[J]. *Media, Culture & Society*, 2018, 40(7): 1086-1100.

二、算法的社会性理解：算法现象学

正是由于对算法的纯粹技术性理解存在偏隘的可能，社会科学相关领域的学者们因此转向社会性层面的算法研究。斯科特·拉希（Scott Lash）认为，计算机科学家从规则的角度来理解算法，但这些规则与社会科学家在过去几十年中处理过的规则有很大的不同。在一个媒体无处不在、代码无处不在的社会中，过去讨论的构成性和规范性规则不再适用，现在我们面临的是第三种规则，即算法的和生成性的规则。这些规则存在于我们参与的软件中，我们可以通过算法来理解这个过程。①

而算法现象学的进路提供了一种从社会性层面研究和理解算法的新的可能性。算法研究学者塔伊纳·布赫（Taina Bucher）在其关于算法力量与政治的专著中提出算法现象学。该方法关注在给定的情况下人们如何感知和理解算法，以突出"通过经验和与生活环境的实际参与而获得的个人形式的知识生产力"②。算法现象学还强调基于情境接触而获得的感知和理解又如何使以算法为导向的系统与用户的行动领域紧密地勾连："人们学习他们需要知道的东西，以便有意义地参与并在算法中介的世界中找到自己的道路。"③因此，从现象学的角度来看，走进算法意味着关注社会参与者与他们所使用的技术系统建立关系的方式，以及这些遭遇反过来所产生的生成性作用。算法现象学反对将算法视作严格限制和程序化的公式的观点，而是着眼于算法的社会嵌入性。④算法因此不仅由理性的抽象程序构成，还由机构、人、交叉语境以及在普通文化生活中获得的粗略意义构成。⑤算法现象学的进路实际上是一种"由外而内"的方法，即从算法的外在表现和展示

① Lash S. Power after hegemony: Cultural studies in mutation[J]. *Theory, Culture and Society*, 2007, 24(3): 55-78.

② Bucher T. *If... then: Algorithmic Power and Politics*[M]. New York: Oxford University Press, 2018: 62.

③ Bucher T. *If... then: Algorithmic Power and Politics*[M]. New York: Oxford University Press, 2018: 98.

④ Kitchin R. Thinking critically about and researching algorithms[J]. *Information, Communication & Society*, 2017, 20(1): 14-29.

⑤ Seaver N. Algorithms as culture: Some tactics for the ethnography of algorithmic systems[J]. *Big Data & Society*, 2017, 4(2): 1-12.

出发，由"果"至"因"阐释算法逻辑在社会文化层面的意义生产。[①]

在算法现象学的研究趋势中，首先涌现了一系列探索性的研究，这些研究关注人们对算法的感知和理解。由于算法的普遍使用，用户逐渐产生了"算法意识"（algorithm awareness），即意识到算法的存在及其潜在影响。几项不同时期的研究显示了一种算法意识越来越普遍的趋势。穆塔哈尔·伊斯拉米（Motahhare Eslami）、艾梅·理克曼（Aimee Rickman）、克丽斯滕·瓦卡罗（Kristen Vaccaro）等人为一项实验室研究招募了 40 名 Facebook（脸书）用户。该研究试图通过测试实验和后续访谈相结合的方式来考察人们对 Facebook 新闻提要算法的看法。研究者发现，超过一半的研究参与者（62.5%）完全不知道该算法的存在。[②]同一时期，埃米莉·雷德（Emilee Rader）和丽贝卡·格雷（Rebecca Gray）聘请了一个机构来调查人们对 Facebook 在多大程度上管理新闻提要帖子的意识。[③]与伊斯拉米等人的研究结果相比，雷德和格雷发现，样本中大多数 Facebook 用户（73%）认为，他们并没有看到朋友创建的所有帖子，但"用户对内容过滤算法行为的感知和理解程度差异很大"[④]。到了 2017 年，尼古拉斯·普罗菲拉斯（Nicholas Proferes）关于用户和非用户对 Twitter 技术文化和社会经济方面的信念的研究就发现，大多数受访者能够正确识别趋势主题算法背后的机制。[⑤]算法意识在现今的数字生活中至关重要，以至于安妮-布里特·格兰（Anne-Britt Gran）、彼得·布思（Peter Booth）和塔伊纳·布赫（Taina Bucher）将算法意

① 孙萍，邱林川，于海青. 平台作为方法：劳动、技术与传播[J]. 新闻与传播研究，2021，28(S1)：8-24，126.
② Eslami M, Rickman A, Vaccaro K, et al. "I always assumed that I wasn't really that close to [her]" Reasoning about Invisible Algorithms in News Feeds[C]//Proceedings of the 33rd annual ACM conference on human factors in computing systems. 2015: 153-162.
③ Rader E, Gray R. Understanding user beliefs about algorithmic curation in the Facebook news feed[C]//Proceedings of the 33rd annual ACM conference on human factors in computing systems. 2015: 173-182.
④ Eslami M, Rickman A, Vaccaro K, et al. "I always assumed that I wasn't really that close to [her]" Reasoning about Invisible Algorithms in News Feeds[C]//Proceedings of the 33rd annual ACM conference on human factors in computing systems. 2015: 153-162.
⑤ Proferes N. Information flow solipsism in an exploratory study of beliefs about Twitter[J]. *Social Media+Society*, 2017, 3(1): 2056305117698493.

识视作一种"元技能"（meta skill）—— 一种可以提高其他数字技能和总体效益的知识或理解的技能。对算法的认知可能构成新的数字鸿沟。①

比算法意识更深入和对算法的系统的认知被布赫概括为"算法想象"（algorithmic imaginary）。这一概念被用来指涉"思考算法是什么，它们应该是什么，它们是如何运作的，以及这些想象反过来又使什么成为可能"②。"算法想象"也成为该领域最为关键性的概念之一。布赫认为，个体对Facebook算法的个人意识和体验"产生不同的情绪和感觉"，并在塑造这些算法时具有生成性作用。③这一观察结果符合一项对Facebook算法的探索性研究"解码算法"的结论，在这个研究中，研究者用三种模式（主导模式、协商模式和反对模式）来概括用户的解释。④索菲·毕晓普（Sophie Bishop）则借用了"八卦"（gossip）的概念来研究YouTube美容视频博主的算法知识，以及他们相应地管理算法可见性（visibility）的方式。⑤毕晓普以"算法八卦"（algorithmic gossip）的概念来概括那些与推荐算法相关的公共和社会信息理论和策略、共享和实施，它们的目的在于在算法结构的社交媒体平台上实现财务一致性和可见性。⑥更重要的是，通过"算法八卦"，我们看到了这种自下而上组织的话语策略和实践与算法权力对抗的可能。

与"算法想象"的相关研究类似，关于算法的"民间理论"（folk theory）的一系列研究展现了相似的研究兴趣，这一领域的研究借助"民间

① Gran A B, Booth P, Bucher T. To be or not to be algorithm aware: A question of a new digital divide?[J]. *Information, Communication & Society*, 2021, 24(12): 1779-1796.

② Bucher T. The algorithmic imaginary: Exploring the ordinary affects of Facebook algorithms[J]. *Information, Communication & Society*, 2017, 20(1): 30-44.

③ Bucher T. The algorithmic imaginary: Exploring the ordinary affects of Facebook algorithms[J]. *Information, Communication & Society*, 2017, 20(1): 30-44.

④ Lomborg S, Kapsch P H. Decoding algorithms[J]. *Media, Culture & Society*, 2020, 42(5): 745-761.

⑤ Bishop S. Managing visibility on YouTube through algorithmic gossip[J]. *New Media & Society*, 2019, 21(11-12): 2589-2606.

⑥ Bishop S. Managing visibility on YouTube through algorithmic gossip[J]. *New Media & Society*, 2019, 21(11-12): 2589-2606.

理论"的框架来分析人们用来解释算法行为和影响的直观因果框架①，从日常数据处理和算法的经验中探索和概括用户对于算法系统持有的不同理论。在一项对 Spotify 平台的推荐算法研究中，研究者展示了民间理论是如何作为话语的资源支持用户制定不同形式的算法纠缠的，并且强调了制定算法纠缠的过程是如何构成了他们融入构建自我和归属感的文化过程的方式。②关于这种 Spotify 平台的推荐算法系统是什么，以及如何使用它们，存在许多可能的理论，只要符合特定的文化环境和需求，就会成为人们认为有用或可接受的民间理论。③

值得注意的是，算法民间理论的相关研究形成了一系列有意义的类型学。迈克尔·A. 德维托（Michael A. DeVito）、达伦·葛格尔（Darren Gergle）和杰里米·伯恩霍尔兹（Jeremy Birnholtz）确定了与 Twitter 算法和算法时间轴有关的两种不同民间理论：实用理论（知道一些影响算法策划的标准）和抽象理论（一种不精确的感觉，意识到算法时间轴会对 Twitter 产生影响）。④在这项工作的基础上，德维托形成了一种算法民间理论的类型学，包括"基本意识""因果力量""机理碎片"和"排序机制"。莱拉·多格瑞尔（Leyla Dogruel）也证明了三种关于算法如何在互联网用户中工作的民间理论：个人互动理论、流行度理论和分类理论，以及平台的经济导向塑造功能的理论⑤。布丽塔·叶特–阿恩（Brita Ytre-Arne）和霍尔沃德·莫（Hallvard

① DeVito M. A. Adaptive folk theorization as a path to algorithmic literacy on changing platforms[C/OL]. The ACM on Human-Computer Interaction, 2021[2022-10-08]. https://cmci.colorado.edu/idlab/assets/bibliography/pdf/DeVito-adaptivefolk2021.pdf; DeVito, M A, Gergle, D, & Birnholtz, J. "Algorithms ruin everything" # RIPTwitter, Folk Theories, and Resistance to Algorithmic Change in Social Media[C]//Proceedings of the 2017 CHI conference on human factors in computing systems. 2017: 3163-3174.

② Siles I, Segura-Castillo A, Solís R, et al. Folk theories of algorithmic recommendations on Spotify: Enacting data assemblages in the global South[J]. *Big Data & Society*, 2020, 7(1): 2053951720923377.

③ Siles I, Segura-Castillo A, Solís R, et al. Folk theories of algorithmic recommendations on Spotify: Enacting data assemblages in the global South[J]. *Big Data & Society*, 2020, 7(1): 2053951720923377.

④ DeVito, M. A., Gergle, D., & Birnholtz, J. "Algorithms ruin everything" # RIPTwitter, Folk Theories, and Resistance to Algorithmic Change in Social Media[C]//Proceedings of the 2017 CHI conference on human factors in computing systems. 2017: 3163-3174.

⑤ Dogruel L. Folk theories of algorithmic operations during Internet use: A mixed methods study[J]. *The Information Society*, 2021, 37(5): 287-298.

Moe）利用 2019 年在挪威进行的一项媒体素养调查的数据确定了五项关于算法的民间理论：算法是具有局限性、实用性、还原性、无形和剥削性的。①这些算法民间理论的类型学分析有助于我们在跨平台的背景下丰富不同语境中社会性层面的算法解释。

由于在算法现象学的视野中，算法被视作多重的、不稳定的对象，通过人们参与其中所实施的不同实践生成②，因此在一系列探索人们对算法的感知以及由此产生的各种与算法有关的知识形式之外，另有一批研究强调实践对于理解人与算法关系的重要意义。具体而言，这些研究集中观察和分析了人们应对算法的可行实践，并由此展开了对于人与算法关系的讨论。

一方面，算法本身被认为是一种"体验技术"（experience technology）③，即通过使用实践来理解的技术。也就是说，人们需要通过使用算法来获得算法知识并内化算法④。在一个对 YouTube 社区的案例研究中，凯莉·科特（Kelley Cotter）引入"算法的实践知识"（practical knowledge of algorithm）概念，以捕获位于实践和话语交汇处的知识。⑤算法的实践知识指涉一种理解算法的方式，"通过一个人的社会世界的话语景观折射出的意义"，将知识定位在这种意义所启发的算法周围的情景实践中。通过对同时作为巴西 Uber 司机的 YouTube 视频创作者（ubertuber）的考察，研究者同样认为，这些获得知识的行为是通过实践来实现的，他们还将 Uber 司机与 Uber 公司推出的基于算法的动态定价系统（surge pricing，简称 SP）的日常接触作为算

① Ytre-Arne B, Moe H. Folk theories of algorithms: Understanding digital irritation[J]. *Media, Culture & Society*, 2021, 43(5): 807-824.
② Seaver N. Algorithms as culture: Some tactics for the ethnography of algorithmic systems[J]. *Big Data & Society*, 2017, 4(2): 1-12.
③ Blank G, Dutton W H. Age and trust in the Internet: The centrality of experience and attitudes toward technology in Britain[J]. *Social Science Computer Review*, 2012, 30(2): 135-151.
④ Galloway A R. *Gaming: Essays on Algorithmic Culture*[M]. Minneapolis: University of Minnesota Press, 2006: 90; Bucher T. The algorithmic imaginary: Exploring the ordinary affects of Facebook algorithms[J]. *Information, Communication & Society*, 2017, 20(1): 30-44.
⑤ Cotter K. Practical knowledge of algorithms: The case of BreadTube[J]. *New Media & Society*. 2022, 1-20.

法知识生产的空间。[1] 由于在算法结构化的系统中，平台提供的关于算法的可验证和有用的信息仍然是稀缺的[2]，因此，在算法中介空间中的个体或协作式的习惯性实践获得与算法有关的知识是用户理解算法的关键方式。

在实践中获得的算法知识又进一步指导了用户回应算法的可行实践，由此开启了第二个面向上的讨论。已有一些研究关注了这些可以被归类为算法实践的策略和行为。[3] 德维托等人通过研究证明，关于社交媒体算法如何发挥作用的民间理论（folk theory）影响了用户的自我呈现实践。[4] 科特研究了一些成功的Instagram（照片墙）平台上的"微名人"（micro celebrity）采取的算法策略，将其定义为"玩可见性游戏"[5]。游戏叙事避免了"与算法系统博弈"的狭隘的主体视角，转而将注意力引向了捕捉用户、算法和平台所有者之间的相互作用。在中国语境下，张玮玉等人通过对比独立内容创作者与传统媒体专业人士和平台员工的算法想象，发现内容提供者们有着共同的标准期望，即算法应该根据其内容引导流量，尽管他们通常感到惊讶或失望；他们认为算法的功能是一种分类和约束机制，通过流量分布来施加权力。[6] 和科特的发现类似，这些独立内容提供者会选择使用个人策略来"玩"或"取悦"算法[7]。安德烈亚斯·谢勒瓦尔德（Andreas Schellewald）则是概念化了"算法的故事"，以展示这些故事是如何帮助TikTok中的用户

① Guerra A, d'Andréa C. Crossing the algorithmic 'Red Sea': Brazilian ubertubers' ways of knowing surge pricing[J]. *Information, Communication & Society*, 2022: 1-19.

② Schellewald A. Theorizing "stories about algorithms" as a mechanism in the formation and maintenance of algorithmic imaginaries[J]. *Social Media+Society*, 2022, 8(1): 20563051221077025.

③ Lai C. The making of a livestreaming village: Algorithmic practices and place-making in North Xiazhu[J]. *Chinese Journal of Communication*, 2022, 15(4): 489-511.

④ DeVito M A, Birnholtz J, Hancock J T, et al. How people form folk theories of social media feeds and what it means for how we study self-presentation[C]//Proceedings of the 2018 CHI conference on human factors in computing systems. 2018: 1-12.

⑤ Cotter K. Playing the visibility game: How digital influencers and algorithms negotiate influence on Instagram[J]. *New Media & Society*, 2019, 21(4): 895-913.

⑥ Zhang W, Chen Z, Xi Y. Traffic media: How algorithmic imaginations and practices change content production[J]. *Chinese Journal of Communication*, 2020, 14(1): 58-74.

⑦ Zhang W, Chen Z, Xi Y. Traffic media: How algorithmic imaginations and practices change content production[J]. *Chinese Journal of Communication*, 2020, 14(1): 58-74.

应对与算法所隐含的数字监控和情感控制机制之间的紧张关系的。①

在算法实践的既往研究中，有相当一部分关注的是以抵制算法为目的的用户实践。例如，在一项对于Facebook用户的研究中，研究者描述了两种策略——"伏地魔"（Voldemort）式的词语替换（避免提及某些名字或关键字）和截屏，用户通过运用这两种基于他们的解释性理论的策略来抵抗平台的算法屏蔽。②对抵抗算法的相关实践的关注在中国的研究中显得格外突出，这似乎与国内的批判算法研究（critical algorithm study，简称CAS）传统有关。孙萍以三个中国外卖平台为例考察了"日常劳动中的算法"的使用情况，通过时间性、情感和游戏化等因素来检验外卖员如何理解这些算法；在使用过程中，外卖员又如何创建了自己的"有机算法"来管理系统，在某些情况下这些"有机算法"甚至可能颠覆系统。③张萌将算法受众的抵抗战术置于控制社会的技术背景中进行讨论，并认为在算法的"技术包容"与"参与文化"的控制之下，受众的抵抗最终只能是无奈的妥协。④洪杰文和陈嵘伟同样将注意力集中于移动新媒体用户的算法抵抗实践上。在解释用户抵抗算法的可能和动因的基础上，他们将用户的抵抗视作具有算法治理意味的引导策略。⑤

既往的算法现象学研究强调了用户对算法的意义解释绝不仅仅是一个技术理解问题，而更是一个内嵌于社会系统中的文化解释的过程。但现有的研究存在以下两方面的问题：第一，最初从用户角度出发展开的算法研究致力于捕捉基于个体经验的"个人算法故事"，这似乎影响了之后的研究思路，使得这一领域的研究存在一定程度上对社会维度的忽视。尽管已有

---

① Schellewald A. Theorizing "stories about algorithms" as a mechanism in the formation and maintenance of algorithmic imaginaries[J]. *Social Media+Society*, 2022, 8(1): 20563051221077025.
② van der Nagel E. "Networks that work too well": Intervening in algorithmic connections[J]. *Media International Australia*, 2018, 168(1): 81-92.
③ Sun P. Your order, their labor: An exploration of algorithms and laboring on food delivery platforms in China[J]. *Chinese Journal of Communication*, 2019, 12(3): 308-323.
④ 张萌. 从规训到控制：算法社会的技术幽灵与底层战术[J]. 国际新闻界，2022（1）：156-176.
⑤ 洪杰文，陈嵘伟. 意识激发与规则想象：用户抵抗算法的战术依归和实践路径[J]. 新闻与传播研究，2022（8）：28-56，126-127.

一些研究关注在特定的社区或群体中与算法有关的知识分享与集体实践[①]，但尚缺少足够的经验性研究来考察和讨论算法知识是如何由个体经验转变为公共知识的，这也关涉算法知识与实践在更广泛的社会层面被组织、共享和实施的过程。第二，中国的新技术与日常生活的融合程度已经居于世界前列，中国的社交媒体用户在与算法的互动中发展出了极为丰富且富有想象力的理解和实践，但基于中国独特的本土化经验的探讨却依然不够充分。目前，相关研究绝大多数是在西方语境下展开的，少数中国语境下的研究也仍未突破算法技术的规约和用户的底层反抗这一二元对立视角。尽管"日常抵抗"[②]有助于解释算法与人之间不对称的权力关系，但对用户算法实践的讨论却也因此常常陷入"算法控制—用户抵抗"的简化二元关系叙事的窠臼，进而忽视了在用户与算法的具体情境接触过程中涌现的人—算法关系的复杂本质。

社会性层面的算法研究揭示了技术性层面的算法研究所忽视的与算法进行互动的人类的存在。正如吉莱斯皮所说，"我们必须揭示隐藏在这些冰冷机制背后的温暖的人类和体制选择"[③]。本书从短视频内容创作者活生生的经验出发，在探讨新技术与日常生活的深度交织时，启示我们应当如何重新理解技术与我们的社会生活。

---

① Bishop S. Managing visibility on YouTube through algorithmic gossip[J]. *New Media & Society*, 2019, 21(11-12): 2589-2606; Schellewald A. Theorizing "stories about algorithms" as a mechanism in the formation and maintenance of algorithmic imaginaries[J]. *Social Media+Society*, 2022, 8(1): 20563051221077025.
② 塞托. 日常生活实践[M]. 方琳琳, 黄春柳, 译. 南京: 南京大学出版社, 2018.
③ Gillespie T. The relevance of algorithms[M]//Gillespie T, Boczkowski P J, & Foot K A. *Media Technologies: Essays on Communication, Materiality, and Society*. Cambridge, MA: MIT Press, 2014: 167-193.

第三节　定位短视频内容创作者

一、互联网名人研究

新的流动媒体环境促生了一系列新的职业、实践和从业者。[①] 在互联网研究中，短视频平台上的创作者一般被归类为这些新型职业的从业者，他们通常被认为是互联网名人（Internet celebrity）[②]、影响者（influencer）[③]、微名人（micro-celebrity）[④] 或是独立内容提供者（independent content provider）[⑤]。因此，对于短视频平台的内容创作者与算法的互动研究应当被置于整个互联网名人研究的背景之中。

互联网名人、影响者、微名人三者的定义互有交叉，常常混用。有研究者称，互联网名人可以被视为"社交媒体影响者"（social media influencer）[⑥]，他们"通过更新以视听内容为基础的博客与其他用户保持互动联系，而其发布的公开内容能够被网络的观众广泛认可"[⑦]。而"微名人"更

① Deuze M. Media life[J]. *Media, Culture & Society*, 2011, 33(1): 137-148.
② Internet celebrity 也可翻译为"网络红人"，即"网红"。Abidin C. Mapping Internet celebrity on TikTok: Exploring attention economies and visibility labours[J]. *Cultural Science Journal*, 2021, 12(1): 77-104.
③ Abidin C. From "networked publics" to "refracted publics": A companion framework for researching "below the radar" studies[J]. *Social Media+Society*, 2021, 7(1): 1-13.
④ Tan C K K, Wang J, Wangzhu S, et al. The real digital housewives of China's Kuaishou video-sharing and live-streaming app[J]. *Media, Culture & Society*, 2020, 42(7-8): 1243-1259; Li A K. Papi Jiang and microcelebrity in China: A multilevel analysis[J]. *International Journal of Communication*, 2019, 13: 19. Cotter K. Playing the visibility game: How digital influencers and algorithms negotiate influence on Instagram[J]. *New Media & Society*, 2019, 21(4): 895-913; 汪雅倩. 从名人到"微名人"：移动社交时代意见领袖的身份变迁及影响研究[J]. 新闻记者，2021（3）：27-39.
⑤ Lin J, de Kloet J. Platformization of the unlikely creative class: Kuaishou and Chinese digital cultural production[J]. *Social Media+Society*, 2019, 5(4): 1-12; Zhang W, Chen Z, Xi Y. Traffic media: How algorithmic imaginations and practices change content production[J]. *Chinese Journal of Communication*, 2020, 14(1): 58-74.
⑥ Guthrie S. Internet influencers as new celebrity[EB/OL]. (2016-09-09)[2021-11-16]. https://sabguthrie. info/internet-influencers-as-newcelebrity/.
⑦ Pérez Rufí J P, Gómez Pérez F J. Internet celebrities: fama, estrellas fugaces y comunicación digital[C]//La metamorfosis del espacio mediático. V Congreso Internacional Comunicación y Realidad. 2009: 229-238.

像是相对于所谓广播电视时代的"传统名人"或"主流名人"（mainstream celebrity）^①而言的，是移动互联网时代的产物。汪雅倩认为，"微名人"是移动社交时代的意见领袖，指移动互联网时代具有影响力的个体，即社交媒体博主^②。这一概念强调的是与虚拟社交网络的捆绑，表征个体在线披露自我、创建及传播虚拟身份的过程^③。有研究者也指出，"微名人"是社交媒体创造的一种新型名人^④，他们的身份是基于追随者的认可、喜爱、联想和期待的。^⑤克里斯特尔·阿比丁（Crystal Abidin）和马尔特·奥茨（Mart Ots）却又将影响者描述为一种新型的微名人身份，这些微名人全方位地记录日常生活，从琐碎平凡的小事到工作中取得的成绩；他们是舆论的塑造者，通过在社交媒体上的真实自我表达来说服用户，通过与关注者的亲密互动来维持可访问性、可信度、可模仿性及相关性。^⑥可以说，阿比丁和奥茨定义的影响者的概念是在微名人的基础上发展而来的，强调他们对自己的工作描述和实践文化。阿比丁因此将影响者及其实践定义为："每天，通过对个人生活和生活方式的文字和视觉叙述在博客和社交媒体上积累了相对大量追随者的普通互联网用户，通过数字和物理空间与他们的追随者进行互动，并通过将软文广告整合到博客或社交媒体帖子中，以及在活动中亲自露面来赚钱。"^⑦

---

① Braudy L. *The Frenzy of Renown: Fame and Its History*[M]. Oxford: Oxford University Press, 1986.

② 汪雅倩. 从名人到"微名人"：移动社交时代意见领袖的身份变迁及影响研究[J]. 新闻记者，2021（3）：27-39.

③ MacAulay M. Status update: Celebrity, publicity, and branding in the social media age[J]. *Canadian Journal of Communication*, 2015, 40(1): 143; Senft T M. Microcelebrity and the branded self[M]// Hartley J, Burgess J, & Bruns A. *A Companion to New Media Dynamics*. Malden: Blackwell Publishing, 2013: 346-354.

④ Khamis N N, Za'bah N F, Mansor A F, et al. Arduino-based biosensor impedance measurement [C]//2016 International Conference on Computer and Communication Engineering (ICCCE). IEEE, 2016: 191-194.

⑤ Kutthakaphan R, Chokesamritpol W. The use of celebrity endorsement with the help of electronic communication channel (instagram): case study of magnum ice cream in Thailand[EB/OL]. (2013-06-17)[2021-11-12]. http://urn.kb.se/resolve?urn=urn:nbn:se:mdh:diva-19135.

⑥ Abidin C, Ots M. The Influencer's dilemma: The shaping of new brand professions between credibility and commerce[C]//AEJMC 2015, Annual conference, San Fransisco, CA, August 6-9. 2015.

⑦ Abidin C. From "networked publics" to "refracted publics": A companion framework for researching "below the radar" studies[J]. *Social Media+Society*, 2021, 7(1): 1-13.

上述关于互联网名人、微名人和影响者三者的定义中，互联网名人和影响者是一个指涉相对广泛的概念，都可以概括为在新型的移动互联网时代凭借各种模态的内容获得了较多关注者（follower）的、有一定影响力的个体。微名人则是互联网名人概念的延伸，特别强调普通人的成名。

由此，尽管有关互联网名人的几个概念定义多有重叠，但从这些相关概念中可以明确以下几点：

首先，互联网名人与虚拟社交网络紧密捆绑，只有在社交媒体上获得影响力的新型"名人"才能被称为互联网名人、影响者或是微名人。这与媒介技术的迭代更新密切相关。数字社交媒体的一系列可供性为互联网名人的出现提供了关键条件。由于社交媒体的出现，名人无疑出现了"大众化转变"[1]。互联网名人有可能受众很少，但是可以通过操纵社交媒体技术来聚集粉丝，即使是小众名人也可以获得与超级明星相似的名人主体性。可以说，没有社交媒体，就没有互联网名人。新兴的短视频平台的特定特征必然会对在其中进行创作的名人产生影响，本书关注的短视频平台的特征可以被具化为与算法有关的技术逻辑和机制。

其次，互联网名人实际上是约书亚·加姆森（Joshua Gamson）所认为的"反名人的"，即所谓的"名人文化越来越多地被成名的普通人和变得平凡的明星所占据"。[2]任何拥有移动设备和数据计划的人都可以成为微名人。这一点在短视频创作者身上体现得淋漓尽致，大量被边缘化的个人和群体通过短视频获得可见性[3]，成了"不可思议的名人"（unlikely celebrity）[4]。

最后，不论是互联网名人、微名人还是影响者，其隐含的条件都与"影响力"相关。只有具有一定的影响力才能称为"名人""红人""影响

① Turner G. *Understanding Celebrity*[M]. Los Angeles: Sage, 2004.
② Gamson J. The unwatched life is not worth living: The elevation of the ordinary in celebrity culture[J]. *PMLA/Publications of the Modern Language Association of America*, 2011, 126(4): 1062.
③ 陆晔，赖楚谣. 短视频平台上的职业可见性：以抖音为个案[J]. 国际新闻界，2020（6）：23-39.
④ Lin J, de Kloet J. Platformization of the unlikely creative class: Kuaishou and Chinese digital cultural production[J]. *Social Media+Society*, 2019, 5(4): 1-12.

者"，进而才能称为互联网名人、数字名人、微名人。数字社交媒体中的影响力通常以实时的数据反馈——粉丝数、浏览量、点赞量、评论量等来呈现，即通过量化的数据指标而非实质性的互动参与程度来衡量。因此，这必然会导致互联网名人概念边界的模糊不清，比如，具有多大影响力的人，我们才能将其称为"互联网名人"或是"微名人"？阿比丁试图解决这个问题。她以瑞典和丹麦的影响者为例，根据影响者的粉丝数划分了影响者的五个等级，具体为巨型影响者、大影响者、影响者、微影响者以及极小影响者。[①]阿比丁通过对影响者等级的划分来判断其在信息生态中的角色（详见表 1-1）。但对于影响力的衡量问题依然存在，即基于单一量化数据指标的影响者分类标准忽视了互动参与程度等定性指标的价值和意义，造成了对互联网名人的片面理解。因此，尽管本研究的研究对象绝大多数可以归类为"网红"或是"互联网名人"，但为了避免上述这些单一化定义解释的缺漏，本书中将他们称为内容创作者。内容创作者的具体定义见下一小节。

表 1-1　丹麦和瑞典的影响者等级

影响者的等级	粉丝数	信息生态中的主要角色
巨型影响者（mega）	>1,000,000	信息放大器（amplifiers of information）
大影响者（macro）	500,000–1,000,000	~ 广播媒体（~broadcast media）
影响者（influencer）	10,000–500,000	意见领袖（opinion leaders）
微影响者（micro）	1,000–10,000	有说服力的转换器（persuasive conversions）
极小影响者（nano）	<1,000	~ 口碑营销（~word-of-mouth marketing）

　　值得强调的是，随着社交媒体的日新月异，互联网名人（也包括微名人和影响者）的概念也在不断演变，包括从个人的非商业性活动扩张升级为专业化的集体制作。专业化的集体制作的运作模式通常是，许多媒体工作者组成专业化团队在一个账号中制作内容，就像他们是一个个人的博主一样。而微名人的展演方式也有了更多的形式，如同时在多个平台上进行

---

① Abidin C. From "networked publics" to "refracted publics": A companion framework for researching "below the radar" studies[J]. *Social Media+Society*, 2021, 7(1): 1-13.

展演，这样可以将一个频道获得的名气应用到其他场所。① 从影响者研究领域的民族志学者阿比丁不同阶段的研究重点流变中，我们可以看出互联网名人研究的趋势。阿比丁将自己的研究划分为三个阶段，分别是：作为工作描述和实践文化的影响者；作为概念和角色的影响者；作为放大平台的影响者。作为工作描述和实践文化的影响者研究关注作为个体的影响者，他们对自己的感觉如何，以及他们如何与生态中的其他自我联系。② 作为概念和角色的影响者研究关注他们如何构建自己的"生态和经济"，以及他们如何成为"标准生产、审美生态、金融和社会文化资本迅速专业化"中的互联网名人的缩影③。作为放大平台的影响者研究转向研究影响者对信息经济的影响，重点是他们如何放大平台。影响者不仅仅是事物的代言人和品牌大使，还是信息的扩音器，充当个人信息平台的角色④。因此，互联网名人等相关概念发展至今，已经不仅仅指那些成名的个体，更指向整个异构的社交媒体生态中的不同主体。

互联网名人与可见性和注意力关系密切。互联网名人进行展演的关键在于其表演者身份面对的另一面是观众，互联网名人必须"被观众接受、观看和认可"⑤。因此，互联网名人的关键在于他们保持高在线可见性的能力。⑥ 在实践中，平台以多种方式提供可见性。平台通常通过"个性化和社交算法、搜索以及自动播放相关视频等功能"来构建和塑造的可见性机

---

① Usher B. Rethinking microcelebrity: Key points in practice, performance and purpose[J]. *Celebrity Studies*, 2020, 11(2): 171-188.

② Abidin C. Communicative Intimacies: Influencers and Perceived Interconnectedness[J/OL]. Ada, 2015, 8: 1-16[2021-11-12]. https://adanewmedia.org/2015/11/issue8-abidin/; Abidin C. "Aren't these just young, rich women doing vain things online?": Influencer selfies as subversive frivolity[J]. *Social Media+Society*, 2016, 2(2): 1-17.

③ Abidin C. Minahs and minority celebrity: Parody YouTube influencers and minority politics in Singapore[J]. *Celebrity Studies*, 2021, 12(4): 598-617.

④ Abidin C. Public shaming, vigilante trolling, and genealogies of transgression on the Singaporean Internet[EB/OL]. (2019-04-03)[2021-11-16]. http://aoir.org/aoirsymposiakeynotes.

⑤ Abidin C. *Internet Celebrity: Understanding Fame Online*[M]. Bingley: Emerald Group Publishing, 2018.

⑥ Abidin C. *Internet Celebrity: Understanding Fame Online*[M]. Bingley: Emerald Group Publishing, 2018.

制。[①]在短视频平台这样的算法驱动媒体中，可见性实际上是由算法支配的。因此，互联网名人能否被观众观看、认可和接受，取决于"互动平台的注意力规范和算法偏好"[②]。同时，媒介技术的变革深刻影响名人和所谓的"粉丝"或称"关注者"之间的关系，诸如Facebook、Twitter等社交平台的出现[③]以及自拍[④]等技术缩小了名人和粉丝之间的差距。事实上，它们加强了所谓的"注意力经济"（attention economy）。也就是说，这些技术赋予个体在媒体饱和和信息丰富的世界中吸引注意力的能力价值。[⑤]但格雷姆·特纳（Graeme Turner）也提示，培养大批粉丝以获得注意力的好处是有代价的：对于个人来说，对他们个人生活的猜测优先于他们的实际职业，名人越来越多地打破了他们的私人现实和公众形象之间的界限，以吸引粉丝的注意力。[⑥]如前所述，社交媒体成功的高度可见指标，如粉丝数等，又进一步激发了争取尽可能多的受众的竞争。[⑦]这些数据呈现的背后是整个推荐算法系统引导的技术逻辑，因此，可以说，用户的注意力也是由算法中介的。内容创作者所共同追求的目标——可见性和注意力都经由算法分配。因此，内容创作者正逐步将其内容生产和流通策略导向平台的推荐、排名和其他面向终端用户的算法。[⑧]对于通过推荐系统寻求可见性和注意力的内容创作者来说，他们对算法的感知反过来又极大地影响了他们的内容制作，这导致了一种"偶然的文化商品"，即"设计越来越模块化，并通过数据化的用

① Burgess J, Green J. *YouTube: Online Video and Participatory Culture*[M]. Hoboken: John Wiley & Sons, 2018: 53.

② Abidin C. Mapping Internet celebrity on TikTok: Exploring attention economies and visibility labours[J]. *Cultural Science Journal*, 2021, 12(1): 77-104.

③ Marwick A E, Boyd D. I tweet honestly, I tweet passionately: Twitter users, context collapse, and the imagined audience[J]. *New Media & Society*, 2011, 13(1): 114-133.

④ Marwick A E. Instafame: Luxury selfies in the attention economy[J]. *Public Culture*, 2015, 27(1): 137-160.

⑤ Fairchild C. Building the authentic celebrity: The "Idol" phenomenon in the attention economy[J]. *Popular Music and Society*, 2007, 30(3): 355-375.

⑥ Turner G. *Understanding Celebrity*[M]. Los Angeles: Sage, 2004.

⑦ Marwick A E. Instafame: Luxury selfies in the attention economy[J]. *Public Culture*, 2015, 27(1): 137-160.

⑧ Nieborg D B, Poell T. The platformization of cultural production: Theorizing the contingent cultural commodity[J]. *New Media & Society*, 2018, 20(11): 4275-4292.

户反馈不断进行修改和重新包装"。[①]

以往的互联网名人研究强调了他们从事的自我展示和追求声誉（reputation seeking）的实践[②]，但是，很少有研究明确关注互联网名人与平台的技术性架构之间的关系。而如前所述，在现阶段短视频平台中具有支配性作用的技术性架构是算法，因此，本书所考察的是短视频平台中的内容创作者与算法之间的互动关系问题。

二、短视频平台的内容创作者

如前一小节所述，尽管在短视频平台上进行创作的各种主体被普遍理解为"互联网名人"，但为了避免"名人"定义在数据指标上的不明确和对于定性的互动参与的忽视，同时由于本研究所关注的问题并不强调研究对象的影响力水平，因此，本研究将这些在短视频平台上持续进行内容创作的活跃用户称为短视频内容创作者。这些活跃用户不仅指那些"独立内容提供者"（independent content provider），他们也可以是团队、"工会"或"多频道网络"（multi-channel network，简称MCN）。所有内容创作的主体都可以被视作整个短视频内容创作生态的参与者。

1. 独立内容提供者

在任何新媒体平台上，经常创建内容的活跃用户总是少数。[③]这些活跃用户不同于遵循传统媒体传统的专业制作人，他们与传统媒体行业有着制

---

① Nieborg D B, Poell T. The platformization of cultural production: Theorizing the contingent cultural commodity[J]. *New Media & Society*, 2018, 20(11): 4275-4292.

② Marwick A E, Boyd D. To see and be seen: Celebrity practice on Twitter[J]. *Convergence*, 2011, 17(2): 139-158; Wissinger E. *This Year's Model*[M]. New York: New York University Press, 2015; Marwick A E. Instafame: Luxury selfies in the attention economy[J]. *Public Culture*, 2015, 27(1): 137-160; Duffy B E, Hund E. "Having it all" on social media: Entrepreneurial femininity and self-branding among fashion bloggers[J]. *Social Media+Society*, 2015, 1(2): 2056305115604337; Abidin C. Agentic cute (^.^): Pastiching East Asian cute in influencer commerce[J]. *East Asian Journal of Popular Culture*, 2016, 2(1): 33-47.

③ Huffaker D. Dimensions of leadership and social influence in online communities[J]. *Human Communication Research*, 2010, 36(4): 593-617.

度上的联系。① 这群活跃用户被吉莱斯皮称为独立内容提供者②，他们可能从流量媒体平台上的内容创造中获利，也可能不获利。这些独立内容提供者有的为自己工作，有的与新兴的多频道网络建立灵活的关系。

在短视频平台上，这些独立内容提供者可以具体化为短视频创作者和主播。这两种身份时常是交叠的，因为大部分短视频平台的独立内容提供者都既发布视频内容又直播。无论是短视频还是直播，他们都是通过创作视觉化的内容在平台上获得可见性的。独立内容提供者持续创作内容的目的最终基本上是提升可见性并借此获得实际的经济收益。③ 而在短视频平台上，获得的经济收益取决于流量的多少。流量在短视频平台上可以被视为涉及可见性和用户注意力占用的一种资源，而这种资源是通过算法来分配的。更进一步说，独立内容提供者必须对算法保持高度的敏感，并适时地做出回应，以保证他们能够获得流量。因此，一般来说，独立内容提供者比普通用户与算法互动的频率更高，程度更深，对算法的认知和理解也更深入。

2. "工会" "团队" 与 "MCN"

独立内容提供者除了"单干"④ 之外，还常常组成"团队"，或加入"工会""MCN"等机构。在本书中，笔者将短视频平台上的独立内容提供者和与他们共同组成团队或机构的内容创作相关人员称为内容创作者。

随着内容创作的专业化程度的提高，许多独立内容提供者需要组建团队，以分工完成高频的内容产出。当自行组建的小团队也无法满足创作的需求时，独立内容提供者们通常会选择与MCN或工会建立灵活关系。大部

① Zhang W, Chen Z, Xi Y. Traffic media: How algorithmic imaginations and practices change content production[J]. *Chinese Journal of Communication*, 2020, 14(1): 58-74.
② Gillespie T. *Custodians of the Internet: Platforms, Content Moderation, and the Hidden Decisions that Shape Social Media*[M]. New Haven: Yale University Press, 2018: 19.
③ 根据访谈和参与式观察的结果，一些创作者在最初的创作动机是表达自我和记录生活，但是在偶然获得流量之后，他们的动机就发生了改变，最终他们的目的都是依靠内容创作获得经济收益。
④ 此内容源自访谈对象微微。

分独立内容提供者在内容创作方面有基础，但是在策划、分发、广告对接、平台对接等方面都存在显著不足，因此需要向专业机构寻求系统化服务。MCN 和工会就是提供这种系统化服务的专业机构。MCN，作为独立内容提供者、平台方、广告方等之间的中介组织，通过将众多独立内容提供者聚合起来建立频道，并帮助他们更好地实现内容分发和商业价值变现。从本质上说，MCN 机构是经纪中介公司，试图促进独立内容提供者、平台方与广告方等主体之间的有机互动。

而工会则是更松散、专业化程度稍低、提供特定服务的中介组织。通常来说，加入工会的门槛比加入MCN的门槛低。工会对独立内容提供者提供运营、场控、引流等服务，从独立内容提供者的收入中抽取一定比例的佣金提成。快手和抖音都设立了专门的MCN和工会管理机构和平台，会向独立内容提供者推荐MCN或工会。独立内容提供者在平台上可以直接加入MCN或工会。工会还搭建了一个供独立内容提供者们交流的平台，同一个工会的主播们常常在工会群中交流经验。

不论是独立内容提供者还是由他们组成的团队、工会、MCN，在本书中都被视为短视频平台上的内容创作者。与普通用户不同，内容创作者严重依赖算法分配流量，通过推广其内容来保持可见性。[1] 他们必须始终适应不断威胁其工作可见性的平台算法逻辑[2]，因此他们必然比普通用户更频繁地与算法展开互动，也更深层次地卷入与算法的纠缠之中。

[1] Zhang W, Chen Z, Xi Y. Traffic media: How algorithmic imaginations and practices change content production[J]. *Chinese Journal of Communication*, 2020, 14(1): 58-74.
[2] Bucher T. Want to be on the top? Algorithmic power and the threat of invisibility on Facebook[J]. *New Media & Society*, 2012, 14(7): 1164-1180.

第四节 研究方法概述

一、"由内而外"和"由外而内"

前文有关算法研究的文献，已经明确社会科学领域对算法的研究存在两种可能的方法取向——"由内而外"和"由外而内"。在这一领域的算法研究中，算法的内部是指对二进制的计算过程的抽象的、形式化的描述，指向对于算法的技术性层面的理解。因此，关注算法的内部是将算法视作有界的技术对象。而实际上，算法本身具有模糊的"非技术"含义，表示更广泛的算法系统的各种属性。[1]这意味着与算法的内部相对，存在一个经验的、实践的算法的外部，即算法融入社会的方式和人们在日常生活中如何遭遇它们的方式。因此，算法的外部指向了人们对社会性层面的理解。"由内而外"表示从算法的内在的技术逻辑出发，而"由外而内"表示绕过算法的技术性内部，从算法的外在表现和展示出发。

依循"由内而外"的方法取向，本书对于技术性层面算法的分析调查了"技术"站点，如推荐系统和技术性组织，以检查算法是如何构建的。[2]也就是说，关注算法的内部组织化生产，包括研发和算法工程师等拥有被认可的专业知识和技术知识的专家如何编制算法，以及其中所展现的技术化逻辑。[3]具体来说，就是通过对短视频平台内部的技术管理者、内容管理者及技术人员的访谈，从技术平台内部视角出发来理解算法编码端的技术

---

① Seaver N. Knowing algorithms[M]//*digitalSTS: A Field Guide for Science & Technology Studies*. Princeton: Princeton University Press, 2019: 412-422.

② Hallinan B, Striphas T. Recommended for you: The Netflix Prize and the production of algorithmic culture[J]. *New Media & Society*, 2016, 18(1): 117-137; Dourish P. Algorithms and their others: Algorithmic culture in context[J]. *Big Data & Society*, 2016, 3(2): 2053951716665128; Vonderau P. The Spotify effect: Digital distribution and financial growth[J]. *Television & New Media*, 2019, 20(1): 3-19.

③ 孙萍，邱林川，于海青. 平台作为方法：劳动、技术与传播[J]. 新闻与传播研究，2021（S1）：8-24，126.

逻辑。此外，通过自我民族志方法；以及对公开资料和数据报告等材料的分析和三角验证对算法的技术逻辑和运作机制进行研究。尽管存在明显的不透明性，算法普遍被定义为"黑箱"①——其内部是不可知的、秘密的和隐藏的，但也有研究者提出这种表面上的算法黑箱不应妨碍研究人员通过自我民族志或媒体、公共关系和专利等资源研究算法②。具体来说，就是综合短视频平台母公司发布的公开演讲、媒体报道、算法研究报告以及自我民族志方法，对短视频平台的算法机制进行三角验证。事实上，通过这种不同来源的材料支持的三角验证，我们可以超越对算法的"崇拜"或对算法不透明性的痴迷，来检验算法在社会生活中的混合性和嵌入性③。

　　本书将遵循"由外而内"的方法取向，从算法的外在表现和展示出发，由"果"至"因"阐释算法逻辑在社会文化层面的意义生产。这种方法与"由内而外"的方法相对应，关注的重点是处于算法系统外部的人。可以说，这种路径不是通过算法的内部来定义它们，而是沿着它们的外部边缘，即它们融入社会和遇到它们的个人生活的方式来尝试理解算法的。社会性层面的算法分析通过经验参与的算法外部来理解算法，考察它们嵌入更广泛的社会的方式和遭遇它们的个体的生活。

二、"点面结合"

　　研究以"点面结合"的方式展开。首先，选取在短视频平台上进行创作后超过 3 个月的个体内容创作者作为考察算法如何嵌入创作者日常生活的"点"。对创作时间进行限定是因为对算法的感知、理解和回应都需要一定的创作时间作为基础④。其次，选取典型的"短视频直播村"作为考察流

---

① Pasquale F. *The Black Box Society: The Secret Algorithms that Control Money and Information*[M]. Cambridge, MA: Harvard University Press, 2015.
② Bucher T. Neither black nor box: Ways of knowing algorithms[M]//Kubitschko S, Kaun A. *Innovative Methods in Media and Communication Research*. Cham: Palgrave Macmillan, 2016: 81-98.
③ Crawford K. Can an algorithm be agonistic? Ten scenes from life in calculated publics[J]. *Science, Technology, & Human Values*, 2016, 41(1): 77-92.
④ 仅对创作时间做出限定，而不对研究对象的影响力水平做出限定的原因见本章第三节。

量、算法的社会性知识和算法实践的集中化场景，也就是"面"。研究以浙江省金华市义乌市北下朱村和江苏省连云港市赣榆区海头镇为主要案例进行讨论，因为二者都是短视频直播很早兴起、短视频直播产业链很成熟完整的直播村，具有较强的代表性。

从2020年开始，我每周定期浏览短视频平台[包括抖音、快手、B站（哔哩哔哩）短视频区]，并将非参与式观察结果记录在田野调查的笔记中，目的是了解短视频应用程序的主要功能和媒体环境，识别和获取一部分的研究对象。从那时起我长期（每个对象至少一个月）跟踪70余位创作者，浏览他们的短视频内容，观看他们的直播并保存相关的视觉影像材料和数字痕迹。同时，我在相关的微信群（创作者群、供应链群、粉丝群等）中进行了参与式观察。

本研究的实地田野调查工作开始于2020年12月，其间我在北京、浙江杭州、浙江义乌、江苏连云港、山东临沂、甘肃定西、甘肃舟曲展开对创作者的参与式观察和深度访谈。在田野调查过程中，我按照参与式观察方法的要求，作为观察者与被观察者一起生活、工作，在密切接触和直接体验中观察他们的言行①。我将平时的观察记录在实地笔记中，同时，我还拍摄了照片、视频作为补充材料。实地观察中的录音和拍摄均得到了相关人员的许可。除此之外，我还收集了"短视频直播村"当地的照片档案，对当地人进行了访谈，以了解当地的基本情况。

本研究中，访谈均为半结构半开放式访谈，包含个人情况、媒介使用情况、内容创作相关、算法相关、评价和感受等多方面内容。访谈对象包括内容创作者（包括短视频博主、主播、直播团队成员、MCN机构内部人员等）、短视频相关从业人员（供应链商家、直播培训人员、物流从业者等）、短视频平台方相关人员（公司管理人员、技术管理人员、技术人员和其他部门人员）、新媒体行业从业者、"直播村"当地政府主管部门负责人

---

① 陈向明. 质的研究方法与社会科学研究[M]. 北京：教育科学出版社，2000.

和在地居民。访谈时间在 0.5 小时至 3.5 小时之间。访谈形式包括面对面、微信语音通话、腾讯会议语音通话和极少数的微信或 QQ 文字即时通信聊天。所有面对面和语音访谈都在征求访谈对象的同意下全程录音，之后转录整理为文字访谈材料进行留存。

此外，为了更深入研究的情境并加深对研究对象的理解，我运用了自我民族志方法。自 2021 年 5 月起，我定期（基本保持每周一次更新的频率）进行短视频创作。其间，我详细记录了我的主观体验、相关的定量数据指标和定性的评论等内容，作为研究的补充材料。

由于算法生产环节中的不透明性问题，我很难直接观察算法的生产过程。因此，我在对算法技术性层面的分析中补充使用了文献研究法，广泛搜集了短视频平台公司的公开资料（包括公开演讲、网站信息和公开出版的书刊、数据报告和研究报告等）、媒体报道、咨询公司的分析报告、专利授权文件、技术性社区博客。通过多种来源的材料进行三角验证，以提升分析的准确性和客观性。

考虑到研究伦理问题，基于"保密原则"，在本书中我删除了所有研究对象的具体身份信息，并为他们都分配了化名。

第二章

"流量的世界"：短视频平台
作为流量媒体

算法生活

短视频平台算法与内容创作者

本书中出现的几乎每一位短视频内容创作者都会在我们的谈话中频繁地提到一个概念——流量。在访谈过程中,我逐渐发现,当创作者们与我展开关于算法的讨论时,他们总是先从流量开始说起。流量是他们选择某个短视频平台进行创作的动机:"抖音是流量最大的平台,所以就在上面开始发(短视频),之前也尝试过在微视什么的发一下,但是那个流量太小了。"[①]流量也是内容创作者们显著感知到的所选短视频平台和其他的平台的差异所在:"短视频和微博或者其他一些什么平台相比,就是流量会增加。"[②]流量还直接和他们的收益相挂钩:"流量就是钱啊!流量它就能带来钱!有流量之后就有人关注你,然后这个人既包括粉丝,也包括广告主啊,你的粉丝多了之后,广告主就会愿意在你这里投放广告,或者直接就让你直播带货,那这个就可以变现。"[③]就像一位创作者说的那样,"总之短视频这个行业绕不开的一个词就是'流量'"[④],"短视频其实就是一个流量的世界"[⑤]。

　　流量在用户一端被感知为一种与即时行为有关的数据变化。尽管是算法设置了用户与数据进行交互的规则,并且生成了进一步的数据[⑥],但在用户的感知中数据比算法更贴近。数据成了创作者与算法展开生动互动的起始条件。从我意识到流量对于创作者们的重要性的一刻起,一个重要的关于算法的前置领域在我面前逐渐明晰起来。因此,不同于以往绝大多数社

---

① 此内容来自访谈对象小安。
② 此内容来自访谈对象飘飘。
③ 此内容来自访谈对象路路。
④ 此内容来自访谈对象富贵。
⑤ 此内容来自访谈对象余姐。
⑥ Just N, Latzer M. Governance by algorithms: reality construction by algorithmic selection on the Internet[J]. *Media, Culture & Society*, 2017, 39(2): 238-258.

会科学领域的已有研究，本书将人们与算法展开互动的起点追溯至这些与流量数据反馈相关的感知。

在本章中，短视频平台被视作流量媒体，这首先需要澄清平台因何可以成为媒体。根据雷蒙·威廉斯（Raymond Williams）的定义，媒体（medium）有三种意涵：一是指涉"中介机构"或"中间物"；二是专指技术层面，例如声音、视觉、印刷等可被视为不同的媒介（media）；三是专指资本主义式的运营机构。如报纸、广播事业可被视为其他事物的一种媒介。[①] 孙萍等人认为，把平台作为一种媒介回应了威廉斯对于媒介的三种意涵解释：首先，平台是内容生产机构；其次，平台是中介化的媒介；再次，平台是媒介化的运营机构。[②] 短视频平台作为社交平台在当下这个阶段的产物，其媒介的属性同样鲜明。在本章中，短视频平台可以被视作一种流量媒体——依赖流量作为商业模式，通过算法技术和政策控制流量的新媒体平台。[③]

本章勾勒短视频平台作为流量媒体的整体性状况，围绕算法互动的前置基础——流量展开，集中讨论以下问题：短视频平台中流量的定义、分类范畴和影响力；流量机制作为资源的基本分配机制；平台凭借其掌握的大量流量，对创作者实施包括正向的流量支持和负向的流量惩罚措施，其中隐含的焦点在于，权力如何通过算法，以流量的形式施加作用于创作者；最后，本章关注"流量"力量关系中的创作者们回应流量规则的方式。

① 威廉斯. 关键词：文化与社会的词汇[M]. 刘建基，译. 北京：生活·读书·新知三联书店，2005：300.
② 孙萍，邱林川，于海青. 平台作为方法：劳动、技术与传播[J]. 新闻与传播研究，2021（S1）：8-24，126.
③ Zhang W, Chen Z, Xi Y. Traffic media: How algorithmic imaginations and practices change content production[J]. *Chinese Journal of Communication*, 2020, 14(1): 58-74.

第一节 "流量为王"：流量的分类范畴与影响力

　　苗族姑娘三妹是快手平台的一名内容创作者，她在快手上已经创作了七年之久。贵州榕江地处云贵高原向广西丘陵过渡的边界地带，山峦迭起，河流深切，因此交通不便，经济落后，三妹一家六口就在此居住。七年前，三妹一家从事种植业，由于年景不好和人为破坏，连续三年都几乎是颗粒无收。三妹夫妇本就是借了外债才发展了种植业，却陷入更加窘迫的境地，这让三妹一筹莫展。就在这时，三妹的弟弟告诉她："现在有个叫快手的 App 又好玩又能挣钱。如果你的视频播放量到 10000 的话，[快手] 就有 500 块钱给你。"正在困境之中的三妹看到了一线希望，她立刻下载了快手，开始尝试着拍一些村里的苗寨风光。当时的三妹满心期待着有一天自己创作的一个视频流量能破万，给她带来 500 块钱的收益，从而补贴家用。三妹笑着回忆当时的自己："那时候我啥也不知道，只知道这个流量能换钱，只要有 10000 个人看过我的视频，我就有 500 块钱。那时候就天天盼着，怎么才能到 10000 啊，就想着挣那 500 块钱呢！"那时的她其实并不清楚流量为什么能换钱，更不能预想到流量将会给她的生活带来怎样翻天覆地的变化。"流量换钱"是七年前的三妹最真挚的创作动机，流量预期兑现的 500 元收益就像是大门的钥匙，引导她进入一个全新的"流量世界"，而对这个"流量世界"的考察需要从明确流量的定义和分类范畴开始。

一、流量的定义和分类范畴

　　大部分创作者其实和七年前的三妹一样。"流量"一词被他们反复提及，但当我追问"流量是什么"时，大多数的访谈对象都显得有些错愕，他们好像突然意识到他们眼里的这个常识性概念还没有被好好地解释过。对于这个他们惯常使用的词，一番斟酌之下，他们给出了一些定义：

流量就是播放量，能换钱。（三妹）

流量就是浏览量，浏览量就是你发出去的作品究竟有多少人浏览，能看到。（于姐）

流量其实就是曝光，就是那种让更多人能看到你的那一种曝光。（飘飘）

流量其实就是你的点击率，还有你的粉丝量，这些都是你的流量呀。（福福）

流量就是播放量，比如说抖音给了我一万的流量，那就有一万个人看到我了。（余姐）

我觉得流量就是关注度。当然关注度是一方面，如果真的要变现的话，那可能这个流量就不只是关注度了，就还有你的粉丝的忠诚度呀，还有就是粉丝愿意为你买单。还有你的调性和广告主的调性的契合度，还有你持续的生产力，等等，就比较复杂了。（路路）

创作者的这些回答反映了他们从日常的媒介使用中显著地感知到，获得流量意味着得到更多被看见的机会，能够攫取更多的用户注意力。

在Web2.0时代，流量是访问人数的不准确的口语说法[1]，但在短视频平台中，流量实质上转变成了一种涉及可见性和用户注意力占用程度的资源，并且这种资源常常被转化为商品。依照约翰·B. 汤普森（John B. Thompson）的说法，与通信媒体的发展联系在一起的新形式、中介化的可见性是根据媒介特性重新塑造的。[2]互联网媒体的最大变化可能不是它的即时性，也不是它的低成本，而是它的可测量性。[3]在短视频平台上，可见性和注意力占

———————————

[1] Petre C. The traffic factories: Metrics at chartbeat, gawker media, and *The New York Times*[R/OL]. Tow Center for Digital Journalism, Columbia University, 2017 [2021-11-18]. https://academiccommons. columbia.edu/doi/10.7916/D80293W1.

[2] Thompson J B. The new visibility[J]. *Theory, Culture & Society*, 2005, 22(6): 31-51.

[3] McGrath B. Search and destroy: Nick Denton's blog empire [J/OL]. *The New Yorker*, (2010-10-18) [2020-10-15]. http://www.newyorker.com/magazine/2010/10/18/search-and-destroy-2.

用程度都以数据化的行为作为衡量指标而被收集、筛选、聚合、计算，又以数据形式进行反馈，它们被具体量化为播放量、完播率、粉丝数、点赞量和评论量等数据形式。而在其中，算法对于组织数据起主导性作用①，也因此，一些研究者认为创作者们在平台中所争夺的东西可以被称为"算法可见"②，因为"可见"意味着被算法选择、被提升、被赋予声音和合法性③。算法驱动的短视频平台特性对可见性和影响力的重塑，最终以流量为标志物而呈现了出来。

流量作为资源是指其具有资源的属性——"是有现实或潜在用途的东西"，但资源并不一定是商品，只有在特定的条件下，它们才可能转化成商品，商品的核心部分带有社会的历史的印记。④在短视频这一特定的平台媒体环境下，流量资源常常被商品化，在平台上进行交换买卖，有时甚至成为一种流通在整个网络中的"通用货币"⑤。

1. 自然流量和付费流量

在短视频平台上，商品化的流量在平台上可以进行买卖流通。因此，流量首先可以分为自然流量和付费流量两类：自然流量指那些免费流量，即在平台上不通过付费，经由算法直接分配而获得的流量；付费流量指那些通过向平台或其他渠道购买而获得的流量（平台流量券如图 2-1 所示）。

---

① Just N, Latzer M. Governance by algorithms: Reality construction by algorithmic selection on the Internet[J]. *Media, Culture & Society*, 2017, 39(2): 238-258.
② 皇甫博媛."算法游戏"：平台家长主义的话语建构与运作机制[J]. 国际新闻界，2021（11）：111-129.
③ O'Meara V. Weapons of the chic: Instagram influencer engagement pods as practices of resistance to Instagram platform labor[J]. *Social Media+Society*, 2019, 5(4): 205630511987967.
④ 席勒. 信息拜物教：批判与解构[M]. 邢立军，方军祥，凌金良，译. 北京：社会科学文献出版社，2008：8.
⑤ Zhang W, Chen Z, Xi Y. Traffic media: How algorithmic imaginations and practices change content production[J]. *Chinese Journal of Communication*, 2020, 14(1): 58-74.

图2-1　平台流量券

　　因为需要通过付费获得流量通常意味着内容质量本身不被认可，所以一些创作者会特别强调自然流量和付费流量的区别。在他们看来，自然流量比付费流量更重要，因为它能代表一种纯粹的对内容质量的认可；而付费流量就是"用钱砸出来"的，并不能作为内容本身质量的衡量标准。抖音知识领域的创作者梁先生在数月内实现了涨粉百万，在谈到他涨粉的原因时，他特别强调："我主要就是靠自然流量。如果要靠流量扶持，这东西是自己做的，本身不行你再扶持它，那效果也是有限的，所以我没得工夫去搞那些。"另一位抖音的创作者于姐2021年初刚开始尝试直播，但直播间人气一直很高，直播间人数一般都能保证在三四百人，最高峰时能达到2000多人同时在线。在我们的交谈过程中，她也反复强调："我是实打实的自然流量，我们并没有像有些人那样花抖币啊什么的，我都没有。"在一些内容创作者看来，短视频平台作为当下中国社会最流行的平台之一，平台本身可分配的流量资源就比其他平台更充足，因此重要的是尽可能地获得经由算法分配到创作者个体的自然流量，而付费购买流量对于持续性地获取流量来说，意义并不大。

2. 公域流量和私域流量

流量还可以分为公域流量和私域流量。在本书中，私域流量指的是短视频平台上内容创造作者们拥有更多控制权的那部分流量，私域流量意味着和其他用户的沟通集中在平台的私人流量池中，能以更小的成本触达这些用户。公域流量指的是短视频平台上所有用户共享的流量。在短视频平台上，公域流量更多是在推荐页和精选页获得的，私域流量则更多是从关注页和创作者个人主页获得的。

受访者们提供了一些实例，来向我说明公域流量和私域流量的差异。李先生 2014 年就"玩快手"了，2020 年又转战抖音平台直播，可以说他对两个平台都有相当程度的了解。当我们聊到两个平台的差异的时候，李先生立刻说：

> 抖音和快手太不一样了！抖音和快手的网红就非常不一样！快手的网红赚的钱是抖音的几十倍甚至几千倍，为什么呢？因为这个快手是私域的。打个比方，说到直播间吧，你会发现抖音的直播间 1000 多万粉丝的（主播）直播间就几百个人，两三百个人。快手就不一样。几千万粉丝的（主播）直播间最少几万人。……抖音你有可能一个视频火了，那今天晚上直播间有 10 万人，第二天就剩一个人，都是有可能的。

在他看来，快手的网红和抖音的网红在收入上的巨大差距来源于私域流量和公域流量的显著区别。私域流量远比算法主导分配的公域流量更稳定，其转化率也远高于公域流量。

另一位短视频平台的创作者吕先生也描述了类似的情况：

我觉得抖音有可能，你是个 400 万粉丝的博主，你发上去，你有可能真的不如一个快手 40 万（粉丝）的（博主）。因为抖音发的是公域流量，它可能公域的偏重更大一点。快手的就是自己关注的那个私域流量（偏重）要比较高一点吧。

视频号是依托微信这一超级平台的新兴短视频分享平台，它和其他短视频平台最显著的不同就是微信生态的强社交属性带来的私域流量的偏重。在视频号上进行直播和创作的播主就是看中了视频号的私域流量以及由此带来的高转化率和高留存率：

> 视频号我觉得第一个就是私域流量的掌控。像其他的平台的话，大多是你要投放广告的流量啊，或者说你要慢慢地去做粉丝啊，做人设呀，慢慢去做。但是视频号呢，可能我直接就开直播了，我分享几个链接，我的熟人自动进来之后，他帮我去分享，甚至他只要点了我的关注，点了我的赞，就自然会有人进来。这个流量是其他（平台）比不了的。而且那些流量不像其他平台的那种公域流量，首先（粉丝）不认识我这个过程，转化率会很低。那我这个流量是朋友推荐的嘛，朋友一看，"唉，这都认识"，所以说它的转化率会非常高，它是裂变的。这个从私域流量的角度上讲，我还能做到很多的留存。我下次直播的话，我的微信朋友越来越多，我的这个留存率就会越来越高啊。

总之，私域流量是一种创作者个人能够掌握的资源，转化率和留存率都比公域流量高，确定性较高，而公域流量则完全依赖平台算法进行分配，不确定性极高。创作者们普遍寻求将公域流量尽可能地转化为私域流量。

二、流量的影响力

江苏省连云港市赣榆区海头镇是著名的"短视频直播村"之一。一个闷热的下午，我和抖音创作者杰哥坐在另一位创作者张哥家的二楼。本来我们正在交谈，杰哥突然低头看了一下手机，随即中断了我们的谈话，开始在手机上操作了起来。随后他又起身去到一楼的直播间给直播中的主播换了一台手机。几分钟后，我们又回到了二楼继续谈话。杰哥解释了一下刚刚的情况："刚刚我的一个视频爆了个小热门，要赶紧把手机拿下去给主播直播。"短视频平台上的流量就是来得如此猝不及防，它要求创作者们迅速做出反应。视频爆了一个小热门[①]，杰哥显得很高兴，他语气轻松地说："你知道热门一下子得赚多少钱吗？好几千块钱呢！很快！这就是流量带来的。"这个场景立刻让我联想到另一位海头的创作者张哥告诉我的：

> 流量哦！流量一好，什么都行；流量不好，全身都难受。我们的心情都是由流量决定的。真的！我们的心情就和这流量挂钩，流量好了心情就好；流量不好，心情也不好。做我们这行的都这样。除非他不正常，流量不好，他还天天高兴，那有什么可高兴的。（流量不好）我就得想办法怎么样把流量搞起来。

在海头这样的短视频直播村/镇，密集的主播、成套的产业链使得流量的影响力被成倍放大。主播们的起落和流量的变化密切地联系在一起。大部分时候，流量直接对他们的直播事业起决定性的作用。流量的这种决定性的影响力可以从 2020 年海头镇短视频直播电商的起落过程中窥见一斑。2020 年是抖音平台大力发展直播电商的元年。年初，敏感的海头大主播们已经嗅到了风向的变化；到了 5 月，基本所有海头的快手大主播都已经转战抖音平台进行直播。因为平台的大力推广，这一时期抖音电商直播的流量极为丰富，按照杰哥的话来说就是，"随便起个号一下就起来，你来个号就能起来，什么都不用管，连挂时长都能挂起来，拍一条视频就能上热门

---

① "热门"是指短视频或直播超出了平时获得的流量，一般体现在播放量、点赞量等数据指标超出之前的均值。"小热门"是创作者们对于获得了一定量流量但又不是超出均值太多的情况的口语化说法。

啊！"五六月份是抖音电商流量的集中爆发期，海头中等粉丝量的主播一个月的销售量也能达 5 万单，利润能到数十万。但到了 7 月，由于平台政策的变化，电商全线流量骤降，导致了近 4 个月的流量"寒冬期"。7 月至 10 月，之前的账号流量下降显著，新开的账号也无法获得流量。除了头部的网红，海头三分之二的中小创作者都在这一时期被迫放弃了短视频电商事业。迫于生计，他们大多数都重操旧业，出海打鱼或是去外地打工。到了 11 月，抖音电商的流量状况回暖，坚持下来的创作者们又慢慢获得了流量。

这样的情况不仅出现在海头镇，在浙江义乌、四川蒲江都是如此。赶上了推流量的时期，直播生意看起来就是"在风口上猪都能飞"。杰哥说："去年①是谁做谁火。去年赶上抖音那时候推流量，北下朱卖小商品、四川卖水果的，还有东北那些卖大米的，全都是这样。"不同于以往区域化的商业模式，在流量媒体中，算法分配流量的机制发展出一种平台主导的、去空间化的商业模式。在这种商业模式下，不同的地区作为节点，被算法编织进巨大的电商联动网络，始终处于环环相扣、紧密相连的动态变化之中。

在这些内容创作者的眼中，流量的法则是短视频平台上的通用法则，且流量的影响是压倒性的，短视频创作者们将这种状况称作"流量为王"。在抖音上拥有百万粉丝的小安已经创作短视频超过三年了。从大学兼职做短视频到现在将短视频创作作为自己的职业，小安觉得自己对短视频平台的了解还是比较深的，他认为："现在就是'流量为王'嘛，不管做什么只要有流量都行。短视频现在就是最体现流量的地方。"

当我询问小安为什么要参加一个平台方组织的活动时，小安不假思索地回答："因为有流量啊，有流量就有更多的曝光。"

我又问："你主要是为了可以曝光吗？"

"对对对。做这个就是为了曝光啊，没有曝光，一切都没有啊。"

---

① 访谈时间为 2021 年，此处去年指 2020 年。

内容创作的好坏、粉丝的多少都不是影响中介化可见性的关键因素，流量才是代表可见性的资源。创作者们敏感地察觉到"没有流量就是再好的东西也没人看，这也是没用的"[①]，"你粉丝有多少都没用。你哪怕是有1000万名粉丝，没有流量也是没有用的"[②]。抖音的创作者曹姐就发现："抖音平台要给你推流量，人家就看得到；它要不给你推流量，人家能看到的也是范围很小的。抖音平台就觉得你这个短视频好，他们就会去放流量。有时候我觉得这个视频很好，但是没有点击量，人家抖音平台不给你推（流量）没用啊。"抖音的创作者，同时也是高校教师的苟先生身边有一帮做科技类短视频的朋友，在他看来，流量的分配始终处在不稳定状态之中：

> 这个行业里面会面临一个比较焦虑的状态。比如，我今年一个月能赚1万，明年倒不一定。有的时候就是可能平台不给流量了，或者是哪一方面的流量分发的机制变了。这个风口适合你，你这个风口就哧溜一下上去了，下一个风口就适合别人。然后它是会一直去改变的，没有一个网红能够常火，更何况不是所有人进来了就能当网红。我有几个朋友也是，然后有一个人就是有一段时间粉丝涨得特别地快，后来他的视频没有任何的变化，但是流量就突然之间下降了。有时候就是有一段时间我的流量就特别好，或者那个人流量特别好，就是没有一个人会一直流量好。

更多的时候，流量直接影响短视频创作者们的收益。一位网红因为三次直播求婚而收获大量流量。路路认为，这位网红反复上演直播求婚的戏码，其中的原因就在于"流量才是获取利益最直接的工具"。所以这位网红才会每逢流量下降就直播订婚一次，再引起一阵全网的狂欢，以此来提升自己的流量。流量有时还会成为创作者能力的象征和附随的资源。楚先生是多个短视频平台上的创作者，也是某高校电竞解说专业的教师。他提供

---

① 此内容源自访谈对象海姐。
② 此内容源自访谈对象余姐。

了一个生动的例子，来说明"自带流量"的优势所在：

> 我们现在做这些台前工作，我们就以这种播音主持类的或者
> 是电竞解说这一系列相关的（做例子）。我遇到过那种用人单位，
> 他们现在要招一个王者荣耀解说，一帮我的学生放在他面前，大
> 家的业务能力有高有低，然后比如说到最后留下两个业务能力差
> 不多的学生，但是其中有一个"自带流量"。对于用人单位来说，
> 他们肯定就选这个自带流量的人。

甚至在很多创作者的眼里，"流量就是钱"。新洋就直言："你有流量才
有钱呢，没有流量肯定挣不到钱了。"与他的观点相似，小任也觉得："有
流量的话就能够去直播变现。"也就是说，流量可以通过接广告、卖货、平
台播放激励等方式，直接转化为经济收益。

但需要特别注意的是，流量也是有区分的。一些创作者预期的可见性
和影响力是有特定范围的；也就是说，他们寻求的不是普遍意义上的、不经
筛选的流量，而是符合其特定需求的流量。陈先生是一位唢呐演奏家，同
时也是快手上的知名创作者。由于唢呐这一民间艺术形式被快手官方的非
遗部门大力推崇，因此陈先生也曾经几次获得平台的"推流"[1]。但陈先生对
"推流"的效果并不满意："这个流量对我没用！"陈先生预期的流量是那
些对唢呐艺术感兴趣的个体，而平台方给予的流量是未经筛选的流量，这
让陈先生大失所望。"我想要的就是那些真正喜欢唢呐的人，不用说给30
万、50万的流量，这其实对我没有意义，人家不是真心喜欢这个东西。"类
似地，微微也期待更有针对性的流量：

> 我过年的时候参加了他们的一个活动，流量给得挺多的，但
> 是都没有用啊！可能全部都是一些过年的时候为了什么集福卡而
> 关注的。他们有可能就是已经工作了啊，有可能现在已经上高中

---

[1]　"推流"是一种平台方给予的流量支持的方式，具体解释见第二章第二节。

或者说上大学的那种，你关注一个初中老师的账号有用吗？肯定没有用的，我们没有直接的一个关系嘛。我希望我的流量就是学生啊，家长啊，因为我卖的是课，一个人不可能闲着没事，买个初中的课消遣一下吧？

在短视频平台中，流量对于创作者的绝对影响力可以被解释为一种"隐身的威胁"[①]或是"不可见性的威胁"带来的影响力。这种持续的"隐身的威胁"指向不断消失的可能性和被认为不够重要的可能性。[②]创作者们为了获得预期的可见性，就必须参与到流量的争夺赛之中。这种预期的可见性也不再是以往笼统的、单质的可见性，而是定向的和个性化的可见性。每个创作者特定的预期可见性和每个用户个性化观看需求的交集部分才符合二者的需求，而数以亿计的短视频创作者和用户以及他们各自不同的需求的联结组成了一个极为复杂的网络，这个网络能够有效运作的关键在于由算法进行预测和调节。

第二节　流量分配：正向支持与负向惩罚

上一节解释了短视频平台上流量的定义、分类范畴和影响力，这一节将具体解释作为一种资源的流量是如何进行分配的，其中包含正向的流量支持机制和负向的流量约束机制。流量分配机制的主要制定者和施行者都是平台方。抖音和快手堪称国内短视频平台的两大巨头，因此，本节主要

---

① Bucher T. Want to be on the top? Algorithmic power and the threat of invisibility on Facebook[J]. *New Media & Society*, 2012, 14(7): 1164-1180.

② Bucher T. Want to be on the top? Algorithmic power and the threat of invisibility on Facebook[J]. *New Media & Society*, 2012, 14(7): 1164-1180.

以抖音和快手为例，描述短视频平台中的流量分配机制。

一、流量分配的基本机制

依据抖音和快手的公开资料、演讲、论文及技术部门人员的访谈，两个平台经由算法进行流量分发的流程是大体相似的。新的内容（包括视频内容和直播内容）发布（经过初次审核）之后，平台会首先分发一定的基础流量。在基础流量分发环节，快手的系统算法至少会匹配100个可能对这个视频感兴趣的基础用户量。[①]抖音之前虽未公开基础流量的具体分发数据。但依据自我民族志的数据报告和其他数据公司的数据报告[②]，抖音的基础流量池也在100以上。基础流量分发之后，后台将记录用户的行为数据，包括停留时间、点赞、转发、收藏等等。接着引入流量爬坡机制，将视频不断投入更大的流量池中，并以用户行为反馈数据作为是否进入下一级别流量池的评定标准（如图2-2所示）。

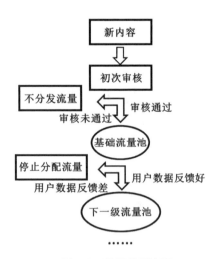

图2-2　流量分配流程

虽然抖音和快手的流量分发机制相似，但在具体流量分配上却存在巨

---

①　余敬中. 快手：普惠+基尼系数的网络社区实验[J]. 传媒，2019（5）：19-21.
②　中信证券. 短视频行业深度研究系列[EB/OL]. (2021-03-08)[2021-09-22]. https://download.csdn.net/download/qq_29607687/15746413?utm_source=bbsseo.

大差异。就公域流量/私域流量的偏重上来说，抖音的初始流量分发给标签用户和关注粉丝的比例大致是 9：1，而快手是 3：2①。也就是说，抖音会优先把视频分发给可能感兴趣的标签型用户，并且不会把视频分发给所有关注粉丝，粉丝看到视频的概率大概是 10%，而在快手上，关注粉丝看到视频的概率约为 40%（如图 2-3 所示）。创作者们对快手和抖音公域和私域流量分配差异的直观感受是：

> 对于我们来说，快手是如果说你有能力的话你就能做起来了，你就能稳定地赚钱。不会像抖音，它今天给你流量，明天你可能一单都卖不出去。……快手流量一直是比较好，其实对新手来说快手是比较公平，抖音不行。（杰哥）
>
> 抖音上你会发现有一些网红他已经有 1000 万粉丝了，但是经过了一段时间之后，他的点赞量可能还没有一个几万粉丝的高，就会有这种现象。抖音它公平嘛，你的作品好我就推你，我不管你有多少粉丝，你作品不好，我一样不会推你。（福福）

就流量分发的均衡程度来说，快手的流量分发相较抖音更加去中心化②（如图 2-3 所示）。快手将经济学中的"基尼系数"引入社区生态调控，减少头部内容的流量，保证长尾内容的流量，避免流量的两极分化。快手的头部内容流量占比约为 30%③，而抖音的头部内容流量占比约为 88%④（如图 2-4 所示）。抖音的流量分发机制更强调优质内容的突出，快手的流量分

① 卡思数据. 2019 抖音 VS 快手研究：2 大维度、10 项对比，带你参透平台 [EB/OL]. (2019-05-09) [2021-11-20]. https://mp.weixin.qq.com/s?_biz=MzUzMjI1MzkyNw==&mid=2247492833&idx=1&sn=bd3df2594867cd4cb3d19a3b3400c642&chksm=fab4b969cdc3307f49566899bfc7315c8cd8b5be1dadc10d5c342e1d25d8a1a710c9003c217b&mpshare=1&scene=23&srcid=.

② 中信证券. 短视频行业深度研究系列 [EB/OL]. (2021-03-08)[2021-09-22]. https://download.csdn.net/download/qq_29607687/15746413?utm_source=bbsseo.

③ 蓝鲸财经. 快手张帆：更重视长尾视频分发，头部视频播放量仅占 30%[EB/OL]. (2021-05-23) [2021-11-20]. http://www.p5w.net/news/tech/201905/t20190523_2296197.html.

④ 海马云数据. 抖音研究报告 [EB/OL].[2021-11-20]. https://wenku.baidu.com/view/295686c2640e52ea551810a6f524ccbff121caa3.html.

发机制则更注重公平普惠，"抖音就是一个作品爆了，它就给你一直推一直推，然后快手好像就是更加照顾一些流量没有那么高的人吧"①。

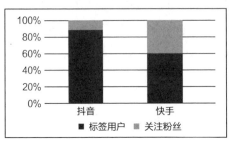

图2-3 抖音和快手公/私域流量分发比例

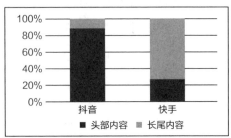

图2-4 抖音和快手头部/长尾内容流量比例

但同时，快手也呈现出头部网红的粉丝量极大并且形成稳固的家族体系、掌握大量流量的不均衡状态。这同样与平台的流量分配规则相关，根据快手的有关算法技术管理人员的解释，平台的流量规则试图在公平普惠与商业利益之中维持平衡：

> 如果把普惠做得太猛，有可能大 V②就跑了。大 V 都跑了的话，这个平台不挣钱了，所以不太可能说都不给大 V 流量。假如说流量就不给大 V 对吧？那其实就是可以普惠啊，但普惠的结果是大家每天看到的内容并不是非常精练。无论是对生产者还是消费者都不好。所以这东西它得有个度。

这意味着，虽然大部分控制流量的权力掌握在平台手中，但获得了大流量的个体实际上也因此而拥有了对流量的"议价权"。平台在专业化和均衡普惠的光谱两端之间权衡，其结果是将价值偏向内嵌进平台算法中，以实现动态调节。

---

① 此内容源自访谈对象微微。
② "大 V"指在平台上获得个人认证，拥有众多粉丝的用户，类似"网红"，但更偏向意见领袖的意涵。这一简称产生于微博平台，因为经过认证的微博用户在微博昵称后都会附有类似于大写的英语字母"V"的图标，因此，网民将这种经过个人认证并拥有众多粉丝的微博用户称为"大 V"。

在抖音和快手上，分配给不同类目的流量并不均衡。珍姐原先是农产品类目的内容创作者，为了推广甘肃舟曲和当地农产品，她坚持创作了两年农产品相关的短视频。当时珍姐的流量并不好，她向我抱怨："这种拍农产品的就没有流量，你看这就2万多（播放量），就根本就没有（流量），怎么拍舟曲都没有流量。"后来，在歌手丈夫的影响下，珍姐开始学习唱歌，在快手上也开始上传一些自己演唱的歌曲片段。自从开始发唱歌作品，珍姐的流量一下子就变好了："自从这开始唱歌，你看50多万播放量，开始涨粉，这一条就是244万嘛，像这种下来的话能涨2万多粉。"

苟先生是一名知识领域的内容创作者，他认为自己属于一个档次比较高的类目。在他看来，不同类目本身能够吸引的流量就有区别，那些专业化程度更高、知识性更强、有一定观看门槛的类目自然吸引的流量就少，而相应地，专业化程度较低、观看门槛较低的类目更容易吸引流量。平台的流量分配政策是一种权衡商业利益和平台定位的协商产物。

流量分配还与账号有关，抖音和快手都对账号设有不同的流量评级，评级越高的，进入的初始流量池也就越大，最高级别的账号将分配到S级流量。这一流量分配机制得到了平台内部人员的确认。流量分配的评级并不一定与粉丝量等显著的数据指标相关，相同粉丝量级的创作者的流量评级也有可能不同。流量评级的基本单位是账号，因此有创作者表示，一个流量评级高的账号无论由谁来出镜都会获得大量流量：

> 流量跟你这个账号有关系。如果一个账号是S级流量，其实找别人播这个号流量都不会低。……赶海小明他就是S级的头部，他直播间去年峰值的时候干到14万人，这是很恐怖的。年前的两个月我去他直播间看，晚上都能干到两三万人，这就叫S级的流量。他基础已经有了那么多，而且他已经一年多没发视频了，还能保证（流量），这就是S级流量池。

对于不同账号如何进行评级的细节不得而知，但可以肯定的是，这种依据账号来分配流量的机制加剧了短视频平台中创作者流量的分化。

付费流量和自然流量的分配也有差异。情感领域的内容创作者心心最近在申请企业蓝V认证，她认为自然流量和付费流量的分配差异与账号属性有关："蓝V（认证企业）号，抖音是不给你流量的，要你花钱的，因为它知道企业有钱嘛，而个人的话它是会给你流量的。"曹姐也同样对付费/自然流量的分配机制感触颇深。2021年初，曹姐一夜之间掉了2000粉丝，这在她看来是很不同寻常的："我的视频还是和原来差不多啊，也不少发，每次发多多少少都有点赞的。这种情况原来都没有出现过的，以前粉丝都是往上涨的，怎么会突然掉了这么多？"在和其他创作者讨论之后，曹姐认定是抖音"挪用"了自己的自然流量：

> 人家告诉我抖音有时候会把你的粉丝分给别人花钱买的抖音账号上去，我说："有这个道理的？那不对呀。"虽然我不是花钱买的流量，但是别人点赞进来，成为我的粉丝，就应该算我这里的（流量）呀，为什么要把我的流量给别人的对不对？……他们说别人花钱买的流量，抖音平台要补给他们嘛。就从我这里分一点去给那些买了流量的人。

总而言之，经由算法分发的流量，其分配机制实际是运用深度学习方法，依照海量的平台数据反馈来进行实时调整的，因此是一个动态变化的过程，而不是一个结构化的、静态的分配公式。无论是算法的中心化程度、付费/自然流量的分配，还是不同账号的基础流量池、不同类目的流量分配，都是算法依照既定的目标不断调整的。

二、"推流"：正向的流量支持

上一小节讨论了短视频平台的流量分配基本机制，一般而言平台掌握了绝大部分的流量分配权力。那么，具体而言，平台是如何通过流量分配机制对创作者施加强大影响的呢？平台主要通过两个相反方向的流量措施对创作者施加影响。

威哥是抖音上的一名创作者。2020 年，长期在外漂泊的威哥回到了重庆老家的山区做户外直播。回忆起当时直播的流量情况，威哥说："那时候流量很好啊，是官方给流量。我一场直播都收几千'音浪'。我的直播间一打开，一下子就进了几百人，几千人，慢慢地就上去了。就是大量的同城里面来的人。"威哥的直播间原先并没有这么多的流量，比较流量数据之后，他推断猛涨的流量是由抖音官方"给"的。创作者们普遍将这种情况称为平台的"流量扶持"或"推流"。"推流"很容易被创作者察觉，因为被"推流"时的流量数据反馈会显著地高于日常的数据，就像一位创作者余姐说的那样："'抖爸爸'要给我推这个流量，在半个小时之内我就知道是它给的流量。手机里赞的很多很多，半小时其实就可以看出来的。"

创作者获得平台的流量扶持有多种途径。最常见的一种是参加平台方组织的活动进行内容创作，平台会依据创作的质量和数据反馈来给予流量扶持。平台方组织的活动会被以通知的形式推荐给创作者。每个活动都会有相应的定额流量，用以奖励参加的创作者。一位快手平台上教育领域的创作者海姐就告诉我，她经常参加这类活动，因为参加这些活动不仅可以获得保底的流量，还有可能被大规模推流，这对于在起步阶段的创作者来说至关重要。

另一种方式是经由筛选，进入平台官方发起和运营的创作者组织当中。平台用以"收编"创作者的筹码就是给其稳定的流量扶持。三妹在 2019 年被选为快手的幸福乡村带头人。从那时起，快手扶贫和快手乡村部门对三妹的流量扶持就一直持续至今。甘肃舟曲的创作者珍姐也是 2019 年的快手幸福乡村带头人，她向我展示了快手平台给她推流的记录：

> 这个开始就加入那个快手幸福乡村了，就推流量了，基本上
> 每个作品它都会推流量。不管我是发农产品啊还是唱歌（都会

推)。以前农产品他们会推得多一点，现在唱歌快手扶贫也一直在
推流量（如图 2-5 所示）。你看这个流量报告就这样的，也比较可
观的（如图 2-6 所示）。全部是，推的流量有很多。

图2-5　快手的推流记录（1）　　　图2-6　快手的推流记录（2）

海姐也同样加入了快手官方创作者组织当中。她日常和快手教育部门
的沟通都是在官方微信群里，据她所说，群里的创作者想要获得平台的流
量扶持，需要经过几道程序：

> 官方先给你一个最低门槛，比方说你达到多少赞，多少播放
> 量，然后你自己填表申请（流量扶持），填表完了它再审核，看
> 你的流量够不够，不够的话它就帮你推荐了。快手真的很高科技，
> 我们一个群里就很多大群，那么在这么多大群里，你随便发什么，
> 他都知道你发了，发了多少，然后缺多少（流量）。

平台还会对短视频相关的产业聚集地进行流量扶持，直播村都在流量

扶持的名单之中。例如，海头的内容创作者们在短视频直播电商发展的早期阶段都享受过平台的流量扶持："之前刚出头的时候，我们这里都有流量扶持的。官方的肯定要扶持你这个东西啊，你地方性产业你强了，对他们官方也是好事。"

但是就效果而言，平台的流量扶持却未必能达到创作者们的预期。一些创作者提出，平台的流量扶持针对性并不强，很多时候都只是"看起来流量上去了，但是流量都留不住"①，导致粉丝转化率和粉丝留存都不是很理想。

总体来说，"推流"是平台主导的一种正向的流量支持机制，其目的是将流量分配给那些符合平台所提倡的内容取向的创作者。平台能够实现"推流"实际上暗含的条件就是平台掌握大部分流量分配的权力。那些与平台合作的创作者将会获得"推流"的奖励，而不合作的创作者就失去了这个机会，平台以这种方式形成对创作者的约束。

三、"限制流量"：负向的流量惩罚

数字杂志 *The Intercept* 泄露的 TikTok 的一份内部审核文件称，TikTok 会对那些缺乏吸引力和创造性的用户实施算法惩罚。②也就是说，平台除了会给予特定的个人、群体、地域以正向的流量扶持之外，还会通过算法实行一系列的流量限制措施，对创作者进行惩罚。流量限制建立在严格的审核基础上，审核的规则仅有部分是公开的，大部分细节性的审核规则都是隐含的、边界模糊的和不确定的。未审核的视频、直播或者账号将遭遇限流、下架、断播甚至是封号等形式的负向流量惩罚。

1. 审　核

除了一些明令禁止的"违禁内容"，大部分审核的详细规则平台都没

---

① 此内容源自访谈对象珍姐。
② Biddle S, Ribeiro P V, Dias T. Invisible censorship: TikTok told moderators to suppress posts by "ugly" people and the poor to attract new users[J/OL]. *The Intercept*, (2020-03-16)[2021-11-23]. https://theintercept.com/2020/03/16/tiktok-app-moderatorsusers-discrimination.

有公开。但创作者们在平台上的内容创作和直播都受到这些审核"潜规则"的极大影响。苟先生创作的航天科普类视频常常会因出现了特殊标志而无法通过审核。一位创作者思思曾告诉我她的视频审核没通过的故事：

> 我有一次在抖音上发一个小孩给我了一把黄芪。拍了发了之后在视频下面挂上那个黄芪的链接，直接给我下架了，就审核就没过了，上了之后没了，那条视频突然没了！我猜就是因为拍小孩，涉及未成年人的（内容），平台不会让你发这方面卖货的。

审核不被通过几乎是每一位创作者都经历过的。从创作者们的亲身经历就可以看出，平台审核的具体规则复杂烦琐又富于变化，常常"上个月还能通过审核，下个月又不能了"[1]。同时，由于大部分的审核细则都没有公开，大部分创作者们只能从自己的创作实践中总结出一些可能的"违禁词""违规行为"（如图 2-7、图 2-8、图 2-9 和图 2-10 所示），再通过创作者的社群相互交流"避坑"经验。少部分与平台有联系的创作者则通过官方对接联系人或是官方组织的微信群来了解具体的审核规则：

> 我们经常在群里问，为什么审核过不了啊？视频又出了什么问题啊？平台那边会有人来帮我们看一下是什么原因这样。（珍姐）

> 群里的工作人员更多的时候是给我们解答审核的问题，这类东西我们最开始都是不知道的。……我们那个群里面有审核，他们会告诉你这个视频怎么才能过。像我们（成为）这种量级的博主之后，对接的那个人他就会比较尽心尽责。假如审核有不方便在群里说的话，他就会跟我们私聊，说这个可能是有什么样的原因，然后如果他解答不了我的问题，他还会再去申请更高级别的审核来给我解答问题。它也是相对比较弹性，但是很缜密的一个流程。

---

① 此内容源自访谈对象鹏鹏。

> 抖音内部审核其实还是流程化做得还是挺好的。……他们自己会主动提醒，首先审核上面一旦有新的规定，他们会通知，然后更多的是我们突然发现限流了或者审核不通过，我们会去问。（苟先生）

也就是说，审核常常是非公开的，具体的规则边界也是由审核人员自行判定的。但不论是抖音还是快手，审核人员都有明确的层级化区分，不同级别的审核人员负责审核的范围也不同。

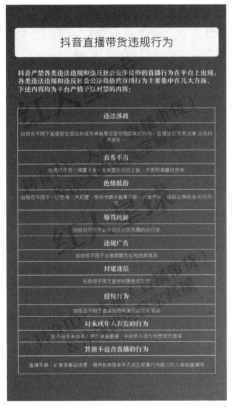

图2-7　创作者总结的抖音直播违规行为

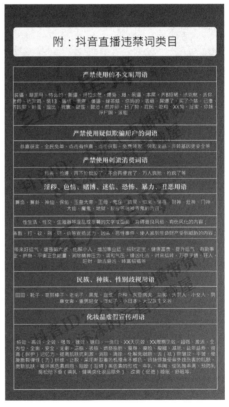

图2-8　创作者总结的抖音直播违禁词（1）

附：抖音直播带货禁忌

5、与"品牌"有关

大牌	金牌	名牌	王牌	领袖品牌	繁多
世界领先	业界领先	邻领者	缔造者	创领品牌	领先上市
巨匠	著名	掌门人	至臻	巅峰	冠军
优秀	资深	领袖	之王	王者	

6、与"虚假"有关

史无前例	前无古人	永久	万能	祖传
特efft	无敌	纯天然	1	高档
真皮	退隐	绝版	正品	秘方

7、与"权威"有关

| 老字号 | 中国驰名商标 | 特供 | 供 | 专家推荐 |
| 质量免检 | 无需国家质量检测 | 免检检 | 国家XX机关推荐 | 国家XX机关地荐 |

8、与"欺诈"有关

涉嫌欺诈消费者

| 点击领奖 | 恭喜获奖 | 全名免单 | 点击转身 | 点击获取 | 点击抽奖 | 点击有惊喜 | 领取奖品 |

涉嫌诱导消费者

| 秒杀 | 抢购 | 再不抢就没了 | 不花钱 | 没有他就XXX | 错过将与XX无缘 | 万人疯抢 | 全民免单 | 拍拍 | 抢购 | 买到就赚 |

9、与"时间"有关

限时必须具体时间

今日	今天	几天几夜	倒计时	品牌线
还有现在	限	仅限	周末	转品牌
周末庆	节假期	闪购	单品团（必须有活动日期）	

严禁使用

| 随时结束 | 随时涨价 | 马上降价 | 秒杀疯抢 |

图2-9 创作者总结的抖音直播违禁词（2）

附：抖音直播带货禁忌

直播中不可触犯的：

1、结外引流行为：不可直播中说其他平台，例如淘宝、京东、唯品会、微信、手机号、联系方式多少
2、容易触犯广告法的词汇：一旦平台捕捉到就会判定违规

1、不要带"最"

最	最佳	最具	最赚	最高级	最优
最优秀	最好	最大	最大程度	最先进	最高级
最高端	最奢侈	最奢	最低级	最低价	最底
最便宜	史上最低价	最流行	最受欢迎	最时尚	最聚赞
最符合	最舒适	最先	最先进	最先进科学	最先进加工工艺
最享受	最高	最先	最新	最新技术	最新科学

2、与"一"有关

中国第一	全网第一	销量第一		第一	唯一
NO.1	TOP1	独一	独一无二	全国第一	一流
仅此一天/家	独此一家	全国X大品牌之一		第一品牌	

3、与"级/极"有关

国家级	国家级产品	全球级	宇宙级	
顶级	顶尖货	顶级工艺	极致享受	殿堂级	极地
级品	极佳信赖感	极		极品	火箭

4、与"首/家/国"有关

首个		独家	独家配方		首发
全网首发		全国首发	首家	全网首家	全国首家
XX网首发		首次	全国销量冠军	国家级产品	国家（国家免检）
中国驰名（地名商标）		国际品牌	XX驰名商标	国家领导人	填补国内空白

5、与"品牌"有关

大牌	金牌	名牌	王牌	领袖品牌	繁多
世界领先	业界领先	领导者	缔造者	创领品牌	领先上市
巨匠	著名	掌门人	至尊	巅峰	冠军
优秀	资深	领袖	之王	王者	

图2-10 创作者总结的抖音直播违禁词（3）

苟先生在与审核人员的接触过程中也认识到审核是分级别进行的，不同级别的审核对应不同的权责范围：

> 他们审核也分级别。因为他们的审核（规则）有一些是不能公开讲的。这种东西就是说你估计这个视频发出来可能会有负面引导，或者说是什么东西，但是这是一个主观判断的问题，没办法把它变成条例写出来……所以低级别的审核有一些这种问题就没有办法解答，他可能就会模棱两可或者怎么着的。然后如果是量级比较高的大V的话，最后就会有更高级别的专门的人，然后再来去替你去解释这个问题。

确实如苟先生推断的那样，短视频平台的审核一般都会按流量大小和

内容板块的不同进行不同级别的审核。综合公开资料、内部人员访谈和创作者访谈，可以推测短视频平台的审核可以分为两种模式。一种是"机器审核"模式，辅助以光学字符识别（optical character recognition）和自动语音识别（automatic speech recognition）的多模态视频内容理解可以对极大数据量的上传视频进行审核。另一种则是"人工审核"模式，依靠平台审核人员的智能对视频进行审核。一般新上传的视频会先经过机器审核，判断其是否有明显违反国家法律法规、色情暴力、特殊的符号、文字、图案、标识等。在机器审核剔除明显违规的内容后，其他内容将进入人工审核。人工审核也分级别进行，抖音和快手都拥有至少4个级别的审核团队，被称为一审、二审、三审和专家审核。四个级别的审核是层层递进的，较低级别无法判断的内容就会进入下一级别的审核。人工审核可能是多次的，流量大的内容在进入下一流量池进行推荐之前会经过又一轮的人工复审，人工复审之后再次进入机器审核。其间如果收到大量用户的举报反馈，也会触发人工审核。最终，在推荐页上会出现"每一条你能看到的视频肯定都是人工审核过的"[1]的字样。但是，不同流量等级的视频的审核限制程度是有显著差异的：

> 咱们平常一般人随便发个日常，总共点赞量5个，4个都是亲戚，那个就审得非常松，只要确定你没有色情暴力就OK，但是一旦你这个流量比如过1万了，它就要再给你放进一个流量池，在进下一个大流量池之前，它会再进行一个更高级别的审核。（苟先生）

> 最开始的话是靠机器审核嘛，影响力很大的时候，人工检测可能会介入，看你的这个内容，比如说三观正不正，是不是这个正能量的，或者说你这个内容符不符合抖音平台的这个调性，如果说这些都符合，它可能就不会限制了，就完全看用户的反应了。

---

① 此内容源自访谈对象梁小姐。

065

我之前听说的就是好像是达到多少10万播放量还是多少啊，差不多这个级别人工就会介入了。（佟佟）

据知情人员介绍，抖音有专门的审核团队分别负责投流的内容和普通内容，因此可以推断付费流量和自然流量的审核机制也是不同的。付费流量的内容审核会更加严格。同时，不同领域的内容也有不同的审核机制，例如时政板块：

> 涉政的内容还有另外一条审核线。……会有一个核心的团队在负责，应该叫要闻组或者叫时政组。这个组可能会有几十人，上百人专门来看这个内容，他们非常警惕。（石先生）

在用户量和内容数据量都极大的短视频平台上，即使有机器审核的筛选，进行这种程度的审核还需要耗费巨大的人力。抖音和快手都有员工数量很庞大的审核团队，如果再加上外包的团队，审核部门就是抖音和快手中劳动力最密集的部门。因为很多审核工作无法由算法来完成，边界模糊的、隐晦的审核只能由人工来进行判断。

审核不通过或者被限流时，创作者可以通过申诉再次进入人工复审，但申诉成功的概率并不高，创作者普遍表示"申诉也没有什么用"。他们常用别的方法来尽可能地规避审核带来的问题，例如"AB店方法"，即设置A、B两个店铺来规避审核风险。A店可以挂另一个B店的推荐，货品放在B店的推荐链接里，这样A店违规了还可以去B店买。

审核不通过意味着彻底地失去一个内容带来的潜在流量，这是平台通过其掌握的内容审查权对创作者实施负向约束的方法。非公开的、边界模糊的、动态变化的审核规则使得平台对创作者的控制程度进一步加深。

2. 限 流

2020年三四月的时候，创作者飘飘发现自己创作的短视频播放量没有以前那么高了。她觉得很奇怪，自己发布的内容与之前并没有很大差异，

"按理说应该是不增不减吧"。越来越多的粉丝和飘飘反映"最近怎么都刷不到飘飘了呢"，"发现页和关注页都刷不到飘飘"，飘飘这才意识到自己是被"限流"了。

短视频平台对创作者们最常使用的惩罚方法就是审核不通过和限流。限流，即减少分发给内容或直播的流量。在飘飘这个案例里，我们看到"限流就是限制了流量，让别人看不到、刷不到你的视频"。限流比起审核不通过和封号等方法来说更加隐蔽，通常是非公开的，创作者们一般只能通过数据反馈或是粉丝反馈来感知限流：

> 限流的话就是比如说这个视频发出去了，好长时间都没有流量，或者说出现这个互动率都特别特别低的情况，就是限流了嘛，特别是比正常的流量差很多。举个例子，比如说正常一条视频发出去了一个小时，有10万的播放量，然后又发了一个视频，发出去一天才1万的播放量，那很明显就被限流了。（佟佟）

> 有一些视频（违规）太明了它会提示你，有一些呢，它就不会提示你，但是客观上给你限流。……平常几个小时过去都有几十万的播放量，但是相同质量的（内容）突然只有几万的点赞量，视频怎么今天一下就冷下来了呢？那不就是给你限流了。（梁先生）

> 粉丝看不到那就是限流了，粉丝会评论、私信和我说。（于姐）

依赖与粉丝的亲密关系，创作者们会向粉丝寻求有关算法分配流量的具体证据。因此，尽管处于流量分配规则制定的边缘位置，创作者们仍然可以依靠这种关系性的信息拼凑出算法分配流量的可能模式。

现在说起2020年秋天全平台生鲜类目的整治限流，张哥、杰哥、鹏鹏几个海头镇的内容创作者们还是心有余悸。如前文所述，当时生鲜类目全线都进入流量低谷期，大小网红都被限流得厉害，几十万、几百万播放量一下子落到了几千、几百。限流的结果就是出单量也同样成比例地陡降，鹏鹏回忆起当时的情况说："那三个月一点单都没出。"同样的情况也出现在小树和思思身上。2021年初，小树和思思的流量突然下降明显，他们开始自己寻找原因，"用了16种方法找问题到底在哪"。最后在农产品领域的创作者群中了解到，全网的三农创作者的流量都被限制了，"之前我们这些关注的农产品主播原来是成批成批地往外出（单），然后那段时间也是卖得非常少的那种状态"。全类目的限流大势下个体创作者们显得很无力，他们只能等待难挨的限流时光快过去。

还有一种常见的限流原因是用户的反馈举报。威哥告诉我现在直播间的流量大不如前，都是因为"以前黑粉举报我"。专门分析高考志愿填报的教育类目创作者五哥也被举报过。有时在直播间会有持不同意见的观众刷"你骗人"或者直接举报，五哥就会立刻招呼粉丝，刷一波"正能量"的评论。因为如果被"算法识别到了"，"平台就会对这个号限流，权重也会给你下降"。

平台通过限流可以直接对创作者进行约束，而创作者遇到限流时却很难反过来抵抗平台的这种约束。创作者七朔无奈地表示："掌控权就在平台手里，平台他们那边是有负责这个作品限不限流的。……不是说大家觉得有东西没有意思，是大家刷不到的视频。人家平台要给你限，那你就被限了，你一点招儿都没有。"权力以流量的形式施加作用，平台通过限流这样的措施构建了一种不平等、不对称的可见性规则。

3. 封　号

"抖音就好比一个吸血鬼，我砸了一百多万做的号被封了，理由都不给！就说个违反社区规定，我违反什么社区规定那理由都不带给的。我申诉也没有用，号就被封了。我心疼死了！而且是永久地封了，再也没有了，不是说封几个月或者怎么样了！"谈到2020年被封号的经历，李先生的气愤依然溢于言表。封号是短视频平台最重的流量限制措施。永久封号会使创作者之前投入的所有成本都付之东流，失去了附属在数字账号上的一切流量。就像珍姐的丈夫告诉我的，"万一有一天封号了，你就什么都没有了"。因此，李先生对抖音的"吸血鬼"比喻和"心疼死了"的感受也就不难理解了。教育类创作者五哥也曾遭遇短暂的封号：

> 因为我这个人也爱看一些经济（类短视频）嘛，讲行业发展那些博主我很喜欢看的。它（平台）就一听到有这种东西，它很敏感的……有些东西它也没有描述那么清楚，它就给你（提示）几个字，反正就是涉嫌违规。因为它不是人工（审核）的，它是机器算出来，所以它不管你那么多，反正你被封了就封了。……我也尝试过申诉，没有用。就是等到它那个封号的期限解封了以后再继续。

从李先生和五哥的故事里，我们都可以看到永久性封号或是暂时性封号将造成的巨大流量损失。永久封号意味着附属在账号上的一切流量都化为乌有。暂时性封号也意味着失去了一段时间内本该获得的流量，这在瞬息万变的短视频平台上，可谓是一种非常严厉的流量惩罚措施。

因此，为了规避被封号的风险，创作者们只能同时经营几个账号。梁先生就专门开了个小号：

> 我之所以弄一个小号，是为了"狡兔两窟"。我怕有一天因为客观上或者因为不知道怎么回事，踩了坑、违了规给我封了号，那我再（注册）一个新账号来不及啊！所以这是一种找个备胎（的方法）吧，就是以防万一。

由平台方主导的负向的流量惩罚通过限制和剥夺创作者可能获得的潜在流量对创作者实施约束。这些强有力的惩罚手段对创作者的影响极大，但创作者们也在通过各种可行的方式试图突破与平台之间的不平等关系。

第三节　应对流量的规则

在前两节中，我们看到"流量为王"的短视频平台上，流量分配的机制是由平台制定的，不论是正向的流量扶持还是负向的流量限制，实际都由平台方掌控。同时，流量直接影响内容创作者们的可见性和他们占据的用户注意力，进而影响预期的经济收益，因此他们格外重视流量的获得。尽管大部分的流量分配权力由平台把控，但是对这种强制的抵抗也在创作者日常过程的底层中浮现，他们以创造性的方式应对流量的法则。

一、"买流量"：商品化的可见性与注意力

如上一节中所述，在短视频平台中，流量不仅依照基本机制进行分配，还根据向平台支付的费用进行分配；也就是说，平台首先公开主导了流量的交易买卖，通过官方的平台出售以临时修改算法获得更多可见性的机会。[①]实际上，短视频平台方就是通过这样的合法化转换，直接将可见性和注意力商品化。本节从创作者的视角出发，讨论这些公开或隐蔽的流量交易行为。

"买流量"几乎是每一个创作者都有过的体验，他们可以从平台或其他渠道购买流量，以增加在短视频平台上的可见性和关注度。在短视频平台上购买流量的方式都比较相似，可以分为两大类别：一是面向个人创作者的流量推广形式，抖音称为DOU+（抖+），快手称为粉丝头条（快手粉条）；二是面向商家的流量推广形式或称广告形式，抖音称为巨量引擎，快手称为磁力引擎。

DOU+和粉丝头条差异不大，而且随着平台不断更新，两者的功能和模式越来越趋同。DOU+分为速推版和定向版，速推版可以选择购买流量的量和流量偏向（互动量、粉丝量、购物车点击量）（如图2-11所示）。定向版

---

① Meng J. Discursive contestations of algorithms: A case study of recommendation platforms in China[J]. *Chinese Journal of Communication*, 2021: 1-17.

则更细致，除了和速推版一样可以选择购买流量的量和流量偏向，同时还可以选择流量投放的时长和潜在兴趣用户标签（可由系统智能推荐或是自定义用户标签）（如图2-12和图2-13所示）。DOU+购买流量的最低限额为2500+，售价为50元，流量单价约为0.02元，粉丝头条最低购买流量限额为500+，售价为80快币（折合约为8元），流量单价约为0.016元。

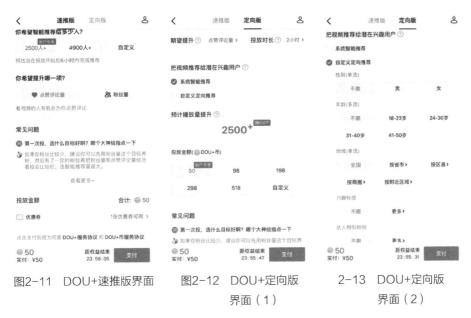

图2-11　DOU+速推版界面　　图2-12　DOU+定向版界面（1）　　2-13　DOU+定向版界面（2）

　　内容创作者们买流量是有策略的，他们有自己的一套逻辑，把买流量的"钱都用在刀刃上"。[①]专业的电商团队甚至会有专职的"流量投放师"制定和实施购买流量的策略。

　　三妹平时会给自己的视频和直播间"买点流量"，她的策略是先少量地买一些流量，"先买个几十百来块钱，看看效果怎么样，觉得效果好了就继续买，效果不好了就不买了"。三妹一般都会选择"投涨粉"，她觉得只有观众关注了，成了粉丝，他才能看到自己，后续才有可能卖货变现。三妹也说尝试买过播放量，但她总结出："如果说投播放量，我们可能有时候那个播放量很高，但它不一定说就能涨很多粉啊，证明这个作品只适合看，

① 此内容源自访谈对象李先生。

但观众并不想关注。"三妹通过研究粉丝画像以及日常和粉丝互动，推断自己的粉丝大多是比自己年纪稍大的姐姐。三妹说："我又不是美女，我没有什么男粉的，都是姐姐们一直支持我。"基于这样的粉丝想象，三妹在买流量的时候会特地买女性偏向的流量："我觉得我跟她们才有话题聊呀，和男的不知道聊什么呀，女的也更容易喜欢我吧，更容易成为粉丝。"

和三妹一样，佟佟在买流量时也会先测试："我就先买100块钱，然后投完了之后，他有时间选择嘛，2个小时还是6个小时，然后就看这一段时间之内的这整个的数据嘛。如果数据很少，那估计就不行了嘛，这个再买也没意义了。"但和三妹不同，佟佟一般选择投点赞评论量，他解释说："从用户的角度来说，他看到的最直观的就是点赞，他又看不到播放量。播放量只能在后台看到，自己可以看到的，但是别人看不到。其实你如果点赞量高的话，你播放量肯定也不会低的，这个之间有关联性嘛。"

珍姐则选择买偏重播放量的流量，她觉得"播放量上去了，人自然就来了"。珍姐更强调的是通过提升播放量来吸引精准的粉丝："光买粉丝流量的话，我觉得这个不是准确的你想要的那个粉丝。要是上发现页的话，就是人家看到你的作品，他对你的作品感兴趣，他才会关注你，这才是你的固定的一些粉丝吧。"

买流量的策略还与时间段有关。创作者吕先生一般会选择"早中晚黄金时段"买流量，"早"是指早上八点至九点的时段，"中"是指中午十二点至下午一点的时段，"晚"是指晚上八点至九点的时段。对吕先生来说，在这些时段内购买的流量能带来更好的效果，也就是"能比其他时间段多涨粉一二十个"。但这个时间段也是因人而异的，需要根据后台粉丝的在线活跃时间决定。集中买流量和分散买流量的效果也不一样："同一条内容你买10个100块钱（的流量）和一次买1000块钱（的流量）就不一样。明显的10个100要好于1个1000。"[1]买作品流量与买直播间流量也有差异，

---

[1] 此内容来自访谈对象吕先生。

创作者微微之前一直是买作品流量，但是今年开始买作品流量却不怎么涨粉了。这让微微很困惑："不知道为什么和去年不一样了，去年买流量肯定会涨粉的，像比较好一点的时候一个粉丝可能（花）一毛吧，那我觉得已经相当好赚了。"由于买作品流量成本太高，所以微微选择买直播间的流量，对于她来说这种投流策略虽然涨粉比较慢，但是粉丝的精度提高了。

从平台方买流量的效果有时并不好，如本章第一节所述，付费流量和自然流量比较之下，创作者们更青睐自然流量。吕先生觉得DOU+的流量"有时候很假"，"像是官方在给你刷一样"。吕先生的一个朋友在DOU+购买了流量，买完之后作品的播放量从2000多瞬间涨到了30000多，但是点赞数只涨了2个。这让吕先生和他的朋友开始质疑付费流量的数据真实性。

创作者们买流量经常是因为内容所获得的自然流量低迷。余姐就提到自己只有在流量非常不好的时候，才会买100块钱的流量。余姐称这是"让流量恢复一下"。当作品没有流量时，七朔会根据自己对于作品质量的判断来买流量："一个作品我认为它好玩，我能确保这个粉丝看到这个事情他是会笑的，这时候买流量的话，我能让我这个作品（火）起来。"

在短视频平台上，流量不仅可以从平台方购买获得，甚至会在创作者间流通，成了一种"通用货币"。吕先生在之前参加的一场活动中进入前5名，获得了抖音平台方奖励的50000元DOU+流量。吕先生当时觉得这么多的DOU+流量放在自己的账号也没啥用，于是开始琢磨卖掉这些流量。最终，吕先生决定连账号带DOU+流量一同以"打包价"卖给一个做电商的团队。现在说起"卖账号"的往事，吕先生还有些后悔："现在想一想那账号卖得好便宜啊。我现在想想那肯定是亏的呀，毕竟是几百万粉丝的账号，还有50000元的DOU+流量。"卖账号，出售的其实也是附属于账号之上的流量。流量交易在短视频平台屡见不鲜，甚至还有专门的交易平台。这种私下的流量交易行为始终无法获得合法性方面的认可，却在灰色夹缝中存在。

由此，我们更能理解为何创作者们认为流量就是钱。不论是从平台方购买流量还是创作者之间交换流量，日常的流量交易贯穿在他们的创作过程中，占据着不容忽视的地位。平台通过合法化这种将可见性和注意力商品化为流量的形式谋取更多的商业利益，使得平台中的流量结构不平等更加凸显。

二、从"抢流量"到"把握流量"

在甘肃舟曲，珍姐的店里一侧整齐挂着一排颜色各异的藏服，另一边的柜台里有她从中国西藏和尼泊尔购入的藏式首饰。店里装饰成浓浓的藏式风格，这里就是珍姐每天直播的场地。晚上七八点珍姐像往常一样开始了直播，那天直播主要卖的是天珠项链、松石项链和蜜蜡手串、戒指等藏式首饰。刚开播不久，直播间的人气还没有往常那么好，珍姐开始琢磨着怎么"抢一些流量"。她先问了一下助播天珠项链的库存还有几条，得到库存还够的答复后，她上架了秒杀产品两眼天珠项链。直播结束后，珍姐告诉我："上秒杀就是抢流量，赚人气，把新客户给拉进来。便宜一点上个秒杀还是闪电购，把流量先拉起来。秒的品一般价格会低一点，99（元）秒一个这样。"用低价秒杀的方式先把流量"抢"来，直播间有了流量之后，再售卖日常价的产品是短视频直播电商的惯用操作。

在赣榆海头，"抢流量"也在如火如荼地进行。张哥的直播间一年里只有腊月廿八到大年初四停播，每天的直播时间从早上10点至少到午夜12点，张哥雇佣的主播们一年里也只放假7天。张哥说："没办法啊，因为要抢流量嘛。"海头的主播最常使用的也是用秒杀来抢流量，"我们一般都先卖一个特别便宜的东西，基本都是亏本的，但是没上几件"。张哥家的主播小聪直播的时候，惯用的套路就是先用9.9元的龙虾尾秒杀来抢一波流量："每次直播间流量不好，就先用一个9.9元的秒杀把泛流量憋进来。如果你都没有流量，你谈何去成交？先抢来流量，抢完了以后再去卖。"

用秒杀抢流量的方法和以往的超市每天推出几件低价促销产品来吸引客流的方法看似并无二致，但是数字平台上流量可能并不是真实的顾客，而是一个飘忽的直播间场观数字。但吊诡之处就在于，这个数字能够吸引更多的真实消费顾客进入直播间。抢流量的本质实际上变成了用秒杀品抢来流量数据的提升，以此在算法推荐的过程中占据更有利的权重，"抢"来真正的消费者进入直播间进行消费。虽然张哥他们都反复强调"做人设的模式更长久"，但是他们依然在践行着"抢流量"的模式。

新疆喀什的张姐也和海头的主播一样，正在想方设法地抢流量。张姐听别的主播说半夜的流量更好抢，她就开一整晚的直播。虽然抢到的流量不如预期，但张姐相信只要坚持不辞劳苦地抢流量，说不定"抖爸爸哪天就看见了"，流量就来了。

抢来了流量之后，是否能把握住流量，达到预期效果，是创作者们思考的下一个更关键的问题：

> 抢来流量，人气做完了，我开始播了。从30万的场观到100万的场观很快的，但是这些人来得也快，走得也快，而且人家不认识你，根本也记不得你。流量抢来也没用，留不住，留住的人就很有用。其实抢流量就是锦上添花，说白了就有点像人气"水军"。比方说我们同样的两个主播，其中一个每一次场观他是10万人，他能卖5万块钱，你再给他投5万块钱的流量费，近20万的人他就能多卖45万，他能卖到50万。另一个主播你再给他怎么投，他顶多再多卖10万。两个人的量级相差非常大。其实跟主播能力有关，看他能不能把握住这个流量。（杰哥）

主播小聪也觉得，抢来的流量最后能不能变现才是主播能力的体现，"来那么多流量，要看你能不能'hold住'①。"同时，要在流量来的时候及时把握："我有个哥哥，昨天他的视频上了一个热门，没有去开直播就错过了这次流量哦。"小聪颇为这位哥哥惋惜："这就浪费了一个热门嘛，几千

---

① "hold住"为网络流行语，意为"把握住"。

块白白溜走了哦！"

对于拥有大流量的大网红来说，把握流量又变得更加复杂，如何把暂时拥有的流量转换为长期稳定的流量才是其中的关键。全网粉丝量已经突破 5000 万的 L 可以算作是首屈一指的网红。在张哥看来，L 把握流量的方法是最高明的："她玩的是流量倒置。她不去自己带货，却去打造自己的品牌，让别人带她品牌的货，收割全网的这个流量，这就叫流量倒置。"

"流量倒置"是凭借自己掌握的流量打造 IP 品牌，将流量优势转换为品牌优势，通过其他短视频主播的带货进行流量的指数级扩散。张哥他们一致认为，这才是把握流量的最高境界。

从抢流量到把握流量再到向产业链纵深发展的流量倒置，创作者们在流量媒体上分析流量分配的规律，总结把握流量的技巧。即使是在以秒为单位迅速变化的流量平台中，也试图用自身的不断实践和思考来应对流量。

三、"引流"：流量优势的迁移

"引流"是另一种创作者们日常使用的应对流量分配规则的方法，他们常常用"引流"来指代所有引导流量的方法。实际上，"引流"就是利用各种手段将某领域的流量优势迁移至其他领域。创作者们日常的"引流"方式可以归纳为创作者相互引流、视频直播相互引流、多平台引流和其他引流方式。

1. 创作者间的相互引流

七朔是一名网络主播专业的大学生，他的同学中有许多和他一样的短视频内容创作者。时不时地，七朔就要和同学一起来个"梦幻联动"，也就是同框拍个视频。七朔说，创作者们之间的这种联动会让粉丝觉得很有趣。"这样的话他的粉丝会看到我，我的粉丝也会看到他，这样就实现了一个粉丝共享，就是互相引流一下。"

创作者间的这种相互引流很常见。专门拍摄乡村生活的主播葛子平时生活在贵州，但他也经常去云南、西藏拍摄视频。葛子说："那里有我的兄弟啊！"葛子所说的兄弟也是一批短视频内容创作者，他们经常邀请对方来家乡转转。对于葛子来说，能去新地方换换场景，拍点新鲜内容挺好的，但是更关键的是和兄弟们一起拍视频能够互相引流。"大家一起拍视频后，双方的粉丝都会去关注你们，感觉你们两个应该是好朋友，就是我关注你，那我也关注你的好朋友。"葛子解释道。

小树和思思同为甘肃定西的创作者，他们组成了一个短视频制作的小团队，互相帮忙拍摄和制作短视频内容。在小树和思思的短视频文案里常常会互相@对方，当我问起他们原因时，他们不约而同地告诉我，"就是想着互相引点流嘛"。小树的粉丝大多是甘肃省内的，而思思的粉丝则更多是甘肃省外的，最多的是山东和河南两省。互相@的目的就是利用自身的流量优势互相引流，弥补流量的短板。

内容创作者们相互引流的方式还有很多，我们熟悉的直播间"刷榜""占榜一"也是其中之一。在大主播直播间刷天价礼物，占住榜一，都是为了获得大主播的引流福利。在大主播的直播间经常听到的一句话就是"大家给榜一、榜二的大哥点点关注，都是我的好大哥！"大主播的直播间榜一、榜二的位置是明码标价的，只有刷够了礼物才可能获得引流。张姐之前"打PK"的时候，常常和主播连麦："那边主播给我连一下子麦，他叫他的人甩给我。那我涨粉也快，红得快。比方说要是他直播间里有1000多个人，喊一句'张姐是我的家人'，流量就哗啦啦都过来了。"

2. 视频与直播的相互引流

在短视频平台上，视频和直播分属两个不同的领域，两个领域内也是可以相互引流的。尽管主要靠直播卖货，张哥还是每天都坚持在账号上发视频，视频里会提及直播间开播卖货的信息，将视频的流量引至直播间。这就是视频流量引流直播间。反过来，直播间有流量的时候则会推荐关注账号，点赞视频，为视频引流。因此杰哥评价张哥的引流模式是"视频没流量，直播就引流到视频，直播流量不行了，视频就引流到直播"。现在，杰哥也开始走张哥的路线。一天里，上午是直播推荐，出来三十几单，下午"连怼"视频又把视频流量引流到了直播间。珍姐也观察到了相似的情况，她发现：

> 抖音比如说这个作品今天发了，发了就上热门了，你今天晚上去直播间人多，你作品没发或者怎么样的话，晚上看的人也少。是根据你那个作品引流的，如果作品的流量大的话，晚上自然引流到直播间的人就多，所以我现在都是拍视频引流直播间。

丽水的创作者山哥拍摄的视频内容一般都是他在山里的生活日常。他为做视频付出了很多心血，设计场景，调整画面角度，一遍又一遍地重新拍摄，选取最好的镜头进行剪辑。山哥的视频质量在短视频平台中属于中高水平，因此他的视频流量一直都挺好。在他看来，做视频之所以如此用心，都是为了把视频吸引来的流量引流到直播间，这样才能实现最终的转化变现。就这样，创作者们依靠自身的观察和实践，将两个领域打通，实现互相引流。楚先生给视频和直播相互引流的模式做了一个有趣的比喻："就相当于我是在天桥底下卖艺。我的视频就是敲锣打鼓，让大家都围过来，之后我要直播卖什么东西，就是我到时候卖艺之后跟他们收钱。"

3. 多平台的引流

很多创作者都会将内容进行全网多平台分发，但每个平台获得的流量常常是不均等的。如何从较高的平台引流到流量较低的平台也是创作者们常常要面对的问题。楚先生的例子给了一个完美的多平台相互引流的范本。前文提及楚先生是一所高校的教师，一天在课堂的学生展示环节，有一位学生临场表演了一个"马宝国"模仿秀。[1]这位学生一开口说话，楚先生心里就已经有了预判："我觉得这个一定能火！"他立刻让台下同学们拿起手机拍视频记录下来。录完之后，楚先生先截取了一个精彩片段发到了抖音

---

[1] 马宝国为网络红人，因其一段视频走红网络，引发网友们大量的戏谑模仿，成为新媒体平台中当红一时"梗"。

上，发现"流量比较好"。他就开始把完整视频分成片段，每隔一小时发一段，同时在评论区写上："大家急切地想看完整版的，可以去B站上搜索×××（楚先生的B站账号昵称）先看！"就这样，在抖音上收获了大流量的"马宝国模仿秀"将流量引到B站，楚先生说："B站的第一波流量就全部从抖音上引流过来的，然后把B站的数据给冲上去，最后这一条必然就变热门了"。

正如贝萨妮·厄舍（Bethany Usher）所描述的那样，社交媒体微名人的展演方式拓展了更多的形式，同时在多个平台上进行展演可以将一个频道获得的影响力应用到其他平台。[①]各个短视频平台对于向其他平台引流的行为是明令禁止的，但是创作者依然会尝试用各种方法躲避平台的审核限制，并向其他平台引流。常见的方法包括在直播间背景里挂上其他平台的账号信息，在个人简介页或私信页用谐音展示其他平台的账号等等，这些方法有效地将创作者们在一个平台获得的流量优势拓展到另一个平台上。

本章小结

尽管算法主导了数据组织的规则和逻辑，但那些与用户的即时行为有关的数据变化总是比算法更容易被人们感知。在研究过程中，访谈对象也总是先提起与流量（一种以数据形式呈现的资源）有关的感受和想法，再转向关于算法的具体经验。因此，对于流量的认知和反应可被视为对于算法产生意识和解释的前置基础；也就是说，只有在对于流量产生思考之后，算法意识才可能萌生。在这个前提之下，我们讨论了短视频中的流量以及

① Usher B. Rethinking microcelebrity: Key points in practice, performance and purpose[J]. *Celebrity Studies*, 2020, 11(2): 171-188.

创作者们对它的认知以及由此产生的应对行为。

在短视频平台这个"流量世界"中，流量是涉及可见性和注意力占用程度的资源。在一定情况下，流量又成了通用的符号表征，成了衡量和评价的指标，甚至成了可供流通交换的商品和货币。但需要特别注意的是，流量并不是同质化的，其内部存在不同的子类。一些创作者预期的可见性和影响力是有特定范围的，符合个性化需求的，而非以往普遍意义上的可见性。这种新形式的可见性正是由算法来实现有效的自动连接的。

短视频平台上的权力以流量的形式表现，吸引或控制的流量越大，在短视频平台上的权力也就越大[1]，对于流量的控制能力构成了短视频平台上的权力结构。总体来说，平台制定了流量的"游戏规则"，通过正向的流量支持机制和负向的流量惩罚机制来约束内容创作者。只有已经拥有大流量的创作者才能获得与平台进行流量议价的权力，进而能够获得更大的流量，流量分配的权力在这样的循环中变得越来越集中。也就是说，在短视频平台这样的流量媒体中，以流量形式表现的权力不平等不仅仅发生在平台和创作者之间，还发生在不同层级的创作者之间。但依然不能忽略那些发生在日常的底层对强制的抵抗，创作者们展现了应对流量"游戏规则"的想象力和创造力，而日常生活提供了这样的反应和抵抗的空间。

---

[1] Zhang W, Chen Z, Xi Y. Traffic media: How algorithmic imaginations and practices change content production[J]. *Chinese Journal of Communication*, 2020, 14(1): 58-74.

第三章

理解算法：短视频创作者的
算法解释与社会性知识

算法生活

短视频平台算法与内容创作者

伴随着信息时代而来的信息过载（information overload）问题使得人们不得不越来越依赖于推荐算法选择信息。算法在社会生活中占据了越来越大的空间，广泛地影响着个人选择。[①]我们发现，自己所处的时代不仅受到"永远在线"连接的影响，还受到渗透进所有领域的算法的深刻影响。[②]可以说，算法已经成为当今世界的一个文化逻辑，它嵌入了网络社会的所有领域，成了人们理解传播实践和社会生活的基础性框架。

尽管算法渗透进所有领域，但自动化计算的本质特征使得算法通常是以隐秘的、不可见的方式隐藏在日常生活之下的，这也就是算法的隐身性。[③]但关于算法工作的见解、片段和小道消息往往会以偶尔出人意料的方式浮现。[④]同时，因为算法是在不同条件下与数据、技术、人等协作，在语境中被执行的，所以它们的影响通常以偶然和关系的方式展开[⑤]，最终我们要在局部和情境化框架下来理解其结果。因此，本章聚焦那些算法在生活中偶然显露的具体情境，在这些特定的算法时刻，创作者对算法的意识、感觉、情绪和想象力的独特组合被激发[⑥]，关于算法的信息片段由此被揭示。

上一章描绘了短视频平台作为流量媒体的整体性状况，也就是展现了

① Willson M. Algorithms (and the) everyday[J]. *Information, Communication & Society*, 2017, 20(1): 137-150.
② Sujon Z, Dyer H T. Understanding the social in a digital age[J]. *New Media & Society*, 2020, 22(7): 1125-1134.
③ Pasquale F. *The Black Box Society: The Secret Algorithms that Control Money and Information*[M]. Cambridge, MA: Harvard University Press, 2015；亚卡托. 数据时代[M]. 何道宽，译. 北京：中国大百科全书出版社，2021：70.
④ Seaver N. Algorithms as culture: Some tactics for the ethnography of algorithmic systems[J]. *Big Data & Society*, 2017, 4(2):1-12.
⑤ Kitchin R. Thinking critically about and researching algorithms[J]. *Information, Communication & Society*, 2017, 20(1): 24.
⑥ Bucher T. The algorithmic imaginary: exploring the ordinary affects of Facebook algorithms[J]. *Information, Communication & Society*, 2017, 20(1): 30-44.

这个创作者们口中的"流量的世界"。对流量数据反馈的感知可以被视作创作者与算法展开互动的前置领域，依循这一线索，这一章将进一步揭示短视频内容创作者对于算法的感知、理解和解释是如何在算法—用户互动的具体日常情境中涌现出来的，以及在更广泛的社会层面上这些个体解释是如何发展和共享并形成关于算法的社会性知识的。在这一章中，我首先从算法技术内部出发，考察推荐算法系统的技术性构成及其中的一些关键性问题，以此作为我们理解短视频创作者们的基础。之后的部分，我将短视频创作者对算法的解释置于情境化框架之中进行描述，以探讨这种偶然的、动态的对于技术系统的感知和理解及其生成过程。这些个体的算法解释又通过在作为互助组织的算法社群中的关系性拼贴，不断地被共享、修正，并被集体建构为与算法有关的社会性知识。最后，我将特别强调因对算法的规范性维度的想象而产生的对算法的批判性反思，这些对算法的批判性反思代表了一种建立在对算法及其运作机制的熟知之上的用户审视，并与后一章中用户对算法的抵抗行动紧密相连。

第一节　推荐算法系统

一、推荐算法的技术逻辑

推荐算法实际上是一种信息过滤算法的子类，它试图通过预测用户对内容的偏好来进行信息的过滤和推荐。[①]聚焦到短视频平台，虽然不同平台的具体推荐算法细节有差异，但是它们从逻辑上都可以被视作一种基于视频理解和用户理解而进行的关系学习。

---

① 此内容源自访谈对象滋滋。

视频是多模态的媒介。视频理解首先需要机器学习算法对视频内容进行多模态分析。多模态包括文字、语音、图像等模态，其中涉及的技术包括光学字符识别、自动语音识别以及图像识别等。[①]基于深度学习算法，可以准确识别多模态的信息，这些信息包括文字、语音、符号、物体、场景、人脸、动作、主题等等。[②]识别提取了视频内容的信息之后，这些信息可以标签化为关键词（keyword）。[③]关于视频的关键词可以组成关键词的大系统，称为知识图谱。因此，最终对于每一个视频的理解过程实际就是一个由关键词组成的知识图谱的形成过程。

用户理解则包括更多的维度要素。首先它有双向的个人偏好获取渠道：一是用户提供的个人偏好；二是机器捕捉采集到的个人偏好，再通过计算建立用户模型（如图 3-1 所示）。

图3-1　用户偏好获取方式示意

获取用户信息就是解决模型输入数据的问题，输入数据的方式主要有以下几种：

（1）用户属性：人口统计学信息，包括年龄、性别、职业、地理位置信息等；设备属性，使用设备的品牌、价格（推断收入水平）、IP地址（推断实时位置）、使用网络类型（移动网络、Wi-Fi）等；社交网络信息，包括通讯录好友等。

（2）用户主动输入的信息：包括用户在搜索中输入的关键词、用户反馈的信息、对推荐对象的喜好程度等。

---

① 奔跑的 Yancy. 视频多模态融合检测 [EB/OL]. (2018-03-06)[2021-08-30]. https://blog.csdn.net/lyxleft/article/details/79461250.
② 马纳西. Python深度学习实战：基于TensorFlow和Keras的聊天机器人以及人脸、物体和语音识别 [M]. 刘毅冰，薛明，译. 北京：机械工业出版社，2019.
③ 此内容源自访谈对象张先生。

（3）用户的浏览行为和浏览内容：包括浏览次数、频率、停留时间等，以及浏览视频时的操作（点赞、收藏、转发、评论），等等。这些被称为用户的足迹信息[①]。服务器端保存的日志也能较好地记录用户的浏览行为和内容。

获取到的用户信息被提取成可以量化的数据特征以形成用户档案（user profile），建立用户模型。此外，向用户推荐内容可获得来自用户的反馈和可能发生的用户兴趣需求变化，而用户模型和用户反馈又一同促进了用户模型的更新（如图 3-2 所示）。

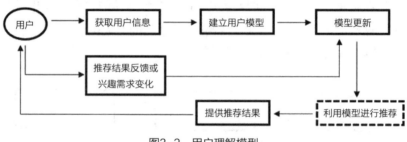

图3-2 用户理解模型

用户理解是多维度的，同时也是动态变化的。举例来说，一个用户之前可能喜欢搞笑剧情类的内容，但是最近更喜欢看美食类的视频。从推荐算法的角度来理解，系统会将这种转变视作一种渐进式的偏好变化。当用户渐渐变化的时候，算法就能敏锐地捕捉到用户兴趣的转向。比如该用户昨天看的 100 个视频中有 80 个搞笑剧情类视频；今天看的 100 个视频中有 75 个搞笑剧情类视频，多出了 5 个美食类的视频。系统会记录这些行为和内容数据，判断用户的兴趣是否已经开始有一些变化。很可能出现的情况是"你自己都没有察觉到自身偏好的改变，但是算法已经率先察觉了，算法可能比你都了解你"[②]。

短视频平台的用户理解实际上就是根据信息来进行定义的过程，短视

---

① 此内容源自访谈对象黄先生。
② 此内容源自访谈对象张先生。

频平台的算法技术人员滋滋认为："算法对于用户的理解实际上就是记录和提取一些可以用数据来描述的信息，从中抽象出一个人的特征。"短视频平台的算法技术管理人员张先生这样阐释推荐算法中的用户理解问题：

> 如何定义一个人呢？其实是关于如何定义你的经历的问题。你之所以跟别人不同，其实是因为你的经历不同，其核心还是你的定位。在现实世界里也是，经历不同，所以所有的价值取向和做选择的时候这种倾向就是不同的。在算法推荐的平台上，只不过这件事情被大大压缩了，在现实世界中一个人的经历可能是几十年，在短视频平台上的用户理解就是一个月或者一周。

也就是说，算法是通过压缩人的经历来标签化地定义和理解用户的。

在视频理解和用户理解的基础上，推荐算法需要进行关系学习，即将用户的信息和行为与视频的知识图谱联系起来进行机器学习，机器学习的结果就是平台系统掌握了用户和内容之间的关系，比如某个类型的用户可能喜欢哪些标签的视频内容。对大量用户和视频内容进行理解，建立关系的连接之后，新上传到系统中的内容和新注册的用户也可以很快地进行联系，最终达成将用户感兴趣的内容推荐给用户的目的。在整个算法推荐的过程中，实际是算法基于内容端理解、用户端理解以及两端匹配来做出更好的推荐决策的问题。

二、冷启动问题与过滤机制

上一小节解释了算法推荐的整体逻辑问题，提到了系统搜集用户的行为数据和内容数据来进行分析的过程，但系统如何给一个没有历史行为数据的新注册用户进行推荐？或是如何在没有用户数据反馈的情况下将新上传的内容推荐给用户呢？这就是算法推荐的冷启动问题。冷启动是推荐系统的重要挑战之一，创作者微微就曾抱怨："我刚开始刷抖音的时候，没有去经常刷的话，推荐给我的都是我一点都不喜欢的东西。"

推荐系统冷启动主要可以分为三类[①]：

（1）用户冷启动：主要解决如何给新用户做个性化推荐的问题。

（2）内容冷启动：主要解决如何将新的内容推荐给可能对它感兴趣的用户的问题。

（3）系统冷启动：主要解决如何在一个新开发的平台（既没有用户，也没有用户行为）上设计个性化推荐系统的问题。

短视频平台通用的冷启动解决方案一般是先给用户推荐较为热门、具有代表性和区分性、较为多样的内容，等收集到一定数量的用户数据后，再进行个性化推荐。[②]内容冷启动更依赖算法系统对视频内容的理解，因为缺少用户对内容的反馈，所以更偏重机器对于内容的深度理解。而对于那些积累了一定用户数据的内容，算法系统对视频理解的依赖程度实际上就降低了，因为用户的大脑已经代替机器做出了决策，即判断什么样的人喜欢什么样的视频。[③]

在冷启动之后，推荐算法还面临具体如何学习内容与用户之间的关系，并进行有效的信息过滤和推荐的问题。根据以往的媒体算法推荐研究[④]以及算法技术专家和技术人员的访谈[⑤]，可以总结出目前推荐系统的几种主要过滤机制：

（1）基于参与度指标的过滤，即评估该项在所有用户中的普遍受欢迎程度。此种机制会导致马太效应，即受欢迎的项目变得更加流行，不受欢

---

① Mr.Piglet. 推荐系统——冷启动问题[EB/OL]. (2018-12-03)[2021-08-30]. https://blog.csdn.net/qq_38931949/article/details/84765610.
② 此内容源自访谈对象林先生。
③ 此内容源自访谈对象张先生。
④ Möller J, Trilling D, Helberger N, et al. Do not blame it on the algorithm: An empirical assessment of multiple recommender systems and their impact on content diversity[J]. *Information, Communication & Society*, 2018, 21(7): 959-977; Zheng Y, Mobasher B, Burke R. Emotions in context-aware recommender systems[M]//Tkalčič M., De Carolis B., de Gemmis M., Odić A., Košir A. *Emotions and Personality in Personalized Services*. Cham: Springer International Publishing , 2016: 311-326; Guo L, Liang J, Zhu Y, et al. Collaborative filtering recommendation based on trust and emotion[J]. *Journal of Intelligent Information Systems*, 2019, 53(1): 113-135.
⑤ 对于过滤机制的总结参考了滋滋、林先生、张先生和黄先生的描述。

迎的项目消失。

（2）基于内容的语义过滤。此方法推荐与当前使用的项或同一用户以前在多个预定义条件（功能）上使用的项匹配的项。例如，依据视频内容、关键词、作者和来源来推荐。

（3）基于用户的协同过滤。这种过滤方式"自动化"了口碑推荐的过程：根据其他具有相似偏好的人分配的值向用户推荐内容。①

（4）混合过滤方法。综合以上几种方法和其他方法而形成的推荐机制。

根据创作者们的实践经验反馈、公开资料和平台算法部门的访谈，可以推断当下短视频平台基本都采用了混合过滤方法。佟佟在刷短视频的时候会感觉："一些视频平台真的会强行推给你看！如果视频拍的内容比较好的话，可能有几百万的流量，然后它直接推到你这里来了，你就算不喜欢看，它还是会推过来。因为那个是大热门，几乎每个人都看过。"佟佟的体验印证了推荐系统中会采用参与度指标的过滤方法，即不论用户的偏好如何，热门内容都会得到推荐。基于内容的语义过滤方法在创作者的反馈中更加普遍，基本上内容创作者都会显著感受到，算法会根据自身喜欢的某些类型的内容不断进行推荐：

> 你喜欢的类型你就停不了，会一直看，就是算法会一直给你推荐你喜欢的东西。我喜欢看美景，它给我推几条美景之后，它看我喜欢看就会一直推美景。它给我推什么美妆啊，女生的什么东西，我不感兴趣的我肯定不看了。（吕先生）
>
> 我喜欢看游戏类的视频，自己在游戏视频中停留的时间普遍比别的视频久，所以推给我的游戏视频也比较多。（久久）
>
> 算法知道我喜欢看什么。我喜欢看英语啊……它每天给我推荐的英语就比较多。然后我还喜欢美食，它也会推荐，还喜欢音

---

① Bozdag E. Bias in algorithmic filtering and personalization[J]. *Ethics and Information Technology*, 2013, 15(3): 209-227.

乐，也会推荐。（海姐）

小柯则是经常遇到自己和同事们刷到一样的视频的情况："经常就是我刷到一个视频，我和我同事一说，结果发现他也刷到过，或者是有时候同事刷到的视频分享给我，我过一会也刷到了。"同样的情况吕先生也经历过。小柯和吕先生的例子说明了协同过滤方法在短视频平台推荐系统中的应用。

总之，当下主流的短视频系统基本都采用了混合过滤方法，几种过滤方法的综合运用可以互相弥补短板，进一步提升推荐的精度。

三、效率与公平

信息过载问题是推荐算法越来越被普遍运用的原因之一。海量的信息及相对应的关系凭借人力很难高效地进行筛选和处理，因此需要借助推荐算法来降低人力成本，以提高信息过滤的效率。算法推荐的设计核心也在于提效，短时间内大量地对信息进行筛选、处理和分发，使应用算法推荐的每个人都尽可能地获得自己最感兴趣的内容。因此，算法技术人员常将使用推荐算法的原因归结为人力无法实现对海量数据的处理，滋滋认为："推荐算法就是帮助人们厘清那些一一对应的关系，正是因为现在关系太多了，才需要依赖算法。"短视频平台普遍使用算法进行推荐的原因也在于，与以往Web2.0时代的长视频平台相比，短视频平台的内容数据量极大，依靠人工进行分类和推荐需要消耗巨大的人力成本，而且在短时间内根本无法有效地分发。张先生也说："理论上来说，如果只有10万人看一个视频，但是有100万人把每个人和每个因素（factor）之间的连接关系都厘清的话，其实也不需要人工智能来进行推荐了。"

在日常的使用过程中，短视频平台用户的说法也验证了推荐算法系统对于获取信息效率的提升作用：

有时候挺忙的，那我肯定是希望在这一段时间内看到我更感

兴趣的，我不感兴趣的我看它干吗？算法推荐就是让我直接看到我想看的。（微微）

算法不给你推的话，你只能自己去找，就像以前一样。那样就是很慢嘛，你搜一个出来一个。现在多快啊，往上滑就好了，给你推的还都是你喜欢的。（李先生）

我觉得就是因为抖音它不停地滑，然后发的都是你喜欢的东西，看的都是你比较会感兴趣的这个类型，可能有的人会觉得很方便嘛。（飘飘）

很多创作者还会特别强调，算法推荐的机制更加公平。在他们看来，由"算法"来推荐有一个相对公平的标准，只要符合标准的内容就能得到推荐。不论创作者本身的情况如何，也不论其他因素的干扰，只要得到算法的青睐就能够获得流量，提升可见性：

图文的话就是你写的东西就算再好，它可能也只是一个私域流量，和你的粉丝是相关的。短视频的话，就是它会给那些内容好的人很多流量。短视频感觉更公平一些。算法的话就是只要内容好，它就是一定会给你流量的；如果你作品不好的话，它就不会给你，不管你有多少粉丝。（小安）

就是说抖音用的这个机器算法，还是看帖子，一个是帖子的内容，一个是帖子的质量，相对以前的那种还是比较公平的。只要你帖子做得好，你的内容比较符合系统过滤的（规则），你就有流量。（余姐）

现在短视频的算法都是去中心化的，比如有个大妈就拿自己的手机拍拍，万一真的拍景色很美，她也会火对吧？她根本不需要知识储备，所以就降低了门槛。（吕先生）

28岁的创作者葛子出生于贵州。在从事短视频创作之前，他孤身一人远离家乡贵州，在广东打工挣钱。没有受过高等教育，也没有特殊的技能，当时的葛子觉得自己没啥可干的，只能当农民工。和绝大部分来大城市打工的年轻人一样，葛子在城里四处漂泊，进厂打工或是做保安。自从短视频平台兴起以来，葛子和一帮朋友一起开始了短视频创作。从搞笑段子创作到农村生活记录，几经转型的葛子现在已经在全网拥有超过千万的粉丝，对他来说，像自己这样的农民工也能成为"网红"，走到今天这一步，很大程度上是因为算法推荐：

> 如果像以前那种不是机器算法的话，那你拍得再好也没有人看见，只能靠关系去跟认识的内部人士沟通才能得到推荐。但现在有机器算法了，很多人虽然只有几个粉丝，但是如果他的内容拍得好的话，他也会一夜之间就爆红了。现在的算法很公平，一些新的创作者也会有很大的提升空间、很大的创作机会。

葛子在多个平台上都有自己经营的账号，他回忆最开始创作的时候，有些平台使用的是人工编辑筛选的内容推荐方法，要在这种平台上获得推荐就必须把内容链接发到编辑群中，由编辑审核认定之后才能获得推荐。葛子认为这种方法很不公平，"如果今天你发视频时，你没有把链接发到那个编辑群里面，那个视频就没人看。必须等你发那个群里面，然后编辑一看，'噢，我去帮你推'"。人工编辑的推荐除了内容质量还掺杂了大量其他因素，包括葛子所说的"人情关系"、编辑的个人取向、编辑部的需求等等。但到了现在，基本上所有的短视频平台都依赖算法推荐系统进行推荐。如果没有算法推荐，葛子觉得自己这样的人可能拍一辈子也火不起来，因为自己"没钱没势"，也"不认识平台里面的人"。在葛子眼里，机器算法比起人工编辑更不具有人性化特征，不讲很多中国人遵循的那套"人情"和"关系"，却有规则和标准可循。只要遵循了确定的算法规则，那么在关系社会中处于边缘的人们也能够重新获得社会认同。这种说法也得到了其他创作者认可：

> 这个抖音最创新的地方就在于它的去中心化的算法。就是说以前在传统媒体上，比如一个大明星，大明星的关注度高，那么普通人你要想在传统媒体上有表达自己，机会就微乎其微。微信、微博确实是给普通人提供了舞台，但是不够大，是割裂的。那么抖音它的创新之处就在于去中心化的算法，让每一个人都有机会表达自己，机会更均衡了。（梁先生）

推荐算法的机制促成了一种新的可见性规则的生成，原本社会的边缘群体更有可能通过个体的积极展演而获得流量，新的状况正在挑战以往的高度集中的可见性结构[1]，而算法深度地参与了这种新形式可见性结构的形塑。

四、机器学习的可解释性问题

推荐算法系统已经成为提升信息处理和关系连接效率的有力工具，又正在深刻改变可见性的结构，但必须注意的是，现有的推荐算法系统搭建在机器学习方法的基石之上，而机器学习的本质问题之一就是可解释性问题。广义上的可解释性指的是，在我们需要了解或解决一件事情的时候，我们可以获得我们所需要的足够多的可以理解的信息；反之，如果在一些情境中，我们无法得到相应的足够的信息，那么这些事情对我们来说都是不可解释的。[2] 2017 年国际机器学习会议（International Conference on Machine Learning，简称 ICML）的指南（Tutorial）中，"可解释"的一个定义是：可解释指的是对人类进行解释的过程。[3] 因此，具体在机器学习场景

① 陆晔，赖楚谣. 短视频平台上的职业可见性：以抖音为个案[J]. 国际新闻界，2020（6）：23-39.
② 王小贱. 深度学习的可解释性研究（一）——让模型具备说人话的能力[EB/OL]. (2018-05-24)[2021-09-22]. https://zhuanlan.zhihu.com/p/37223341?utm_source=wechat_session&utm_medium=social&utm_oi=38963368689664.
③ Kim B, Doshi-Velez F. Interpretable Machine Learning: Exploratory Data Analysis and Bayesian Models[EB/OL].[2021-09-22]. https://icml.cc/Conferences/2017/Tutorials.

中，可解释性可以被视作向人类解释或呈现人们可理解的术语的能力。[①]

人类理解机器决策过程的核心难点是跨越数据特征空间和人类语义空间之间的鸿沟。[②]人类的分析和决策是利用自身的背景知识，在语义空间中完成的。但是，数据特征空间和人类的语义空间在结构和内涵上存在显著的区别。[③]因此，尽管机器学习的方法已经被广泛使用，但由于可解释性的缺乏，其表现和应用也饱受质疑。[④]机器学习的各种方法中，可解释性高低也有差别，例如决策树模型就是可解释性较高的方法，每做出一个决策模型都会通过一个决策序列来向我们展示模型的决策依据。而当下在短视频推荐系统中广泛使用的深度神经网络则是可解释性较低的一种方法。对于普通用户而言，机器学习模型尤其是深度神经网络模型如同黑箱一般，给它一个输入，它反馈一个决策结果，但没人能确切地知道它背后的决策依据以及它做出的决策是否可靠[⑤]，所以深度神经网络被大家普遍认为是黑箱模型。深度神经网络的黑箱性主要来源于其高度非线性性质，即我们没办法用人类可以理解的方式理解模型的具体含义和行为，因为神经网络中，每个神经元都是由上一层的线性组合再加上一个非线性函数而得到的，我们无法像理解线性回归的参数那样，通过统计学基础假设来理解神经网络中的参数含义及其重要程度、波动范围。[⑥]正如塞缪尔·阿贝斯曼（Samuel Arbesman）所说："我们建构越来越多的技术系统，它们越来越复杂、连接程度越来越高，而我们却越来越难以理解它们……因为它们被建构的方式

① Doshi-Velez F, Kim B. Towards a rigorous science of interpretable machine learning[J]. *arXiv preprint arXiv:1702.08608*, 2017.
② 张钹. 人工智能进入后深度学习时代 [J]. 智能科学与技术学报，2019（1）: 4-6.
③ 张钹，朱军，苏航. 迈向第三代人工智能 [J]. 中国科学: 信息科学，2020（9）: 1281-1302.
④ Ibrahim M, Louie M, Modarres C, et al. Global explanations of neural networks: Mapping the landscape of predictions[C]//Proceedings of the 2019 AAAI/ACM Conference on AI, Ethics, and Society. 2019: 279-287.
⑤ 纪守领，李进锋，杜天宇，等. 机器学习模型可解释性方法、应用与安全研究综述 [J]. 计算机研究与发展，2019（10）: 2071-2096.
⑥ 王小贱. 深度学习的可解释性研究（一）——让模型具备说人话的能力 [EB/OL]. (2018-05-24)[2021-09-22]. https://zhuanlan.zhihu.com/p/37223341?utm_source=wechat_session&utm_medium=social&utm_oi=38963368689664.

迥异于我们的思维方式。"① 可以说，可解释性问题是神经网络方法本身的基本逻辑决定的。

回到推荐算法的具体应用中，虽然个性化推荐系统已经经过了长达十几年的研究和发展，但个性化推荐算法及其推荐结果的可解释性仍然是学界和业界没能有效解决的问题。例如，在很多实际推荐系统中，算法只为用户提供一份个性化的推荐列表作为结果，而难以向用户解释为什么要给出这样的推荐，缺乏可解释性的推荐降低了推荐结果的可信度，进而影响了推荐系统的实际应用效果。②

可解释性差导致的黑箱问题也得到了算法技术人员的印证，高度的抽象和内部结构的复杂程度都是推荐算法系统成为黑箱的原因：

> 首先这个黑箱，我们说因为算法是实现了某种功能的一种抽象。此外，黑箱我们可能会觉得是比较复杂的，它也确实比较复杂，因为它里面进行的计算不是我们人工所能够计算出来的，它通过输入大数据来调整它里面的各个具体的参数。……神经网络中的输入跟输出的节点非常之多，我们这些算法的从业人员设计好这些节点后，会有海量的数据同时输入里面，进行计算。（黄先生）

推荐算法的可解释性问题使得算法设计者和算法使用者都很难直接理解算法的内部逻辑。即使是参与算法编码的技术人员，都可能只能解释局部的情况，或是其中几个技术特征③，而难以对算法的具体规则做出解释：

> 推荐算法逻辑上来说我们是通过人为控制，使它朝着一个目标（去实现），然后我们去选取一些特征，做一些策略，但是我们

---

① Arbesman S. *Overcomplicated: Technology at the Limits of Comprehension*[M]. London: Penguin, 2017.
② 张永锋. 个性化推荐的可解释性研究 [D]. 北京：清华大学，2016.
③ 此内容源自访谈对象林先生。

比较难解释说它里面各个权重到底是多少，这个是通过大量的数据由机器自己学习到的。它们自己学习出来的这一套参数就是它的具体值是多少，这个不是我们的人所能够指定的，策略是我们定的，但是具体的知识是机器自己学出来的。（黄先生）

由此，我们发现从内部来理解算法的难度所在，从算法的外部边缘，也就是通过用户与算法的互动来理解算法成了一种新的理解路径。

第二节　个体的算法解释

上一节讨论了推荐算法的技术逻辑和一些重点的问题，包括机器学习的可解释性问题，这些对于算法内部的研究提示我们关注如何从算法的外部出发来理解算法。这一节将聚焦创作者们的个体算法解释，这些算法解释源于特定情境中对算法的感知和想象。在本节中，我将呈现短视频平台的创作者们与算法的遭遇时刻，他们是如何意识到算法的存在及其潜在影响的；在他们与算法不断深入的接触中，他们又是如何进一步对算法做出解释的。

一、算法意识

人们对于算法的感知常常萌芽于一些偶然性的、个体化的遭遇时刻。

旅游领域的创作者吕先生常常在全国各地收集素材，他向我描述了一个"意识到算法的时刻"：一天吕先生和朋友在微信中聊天，朋友提议吕先生去成都转转，顺便收集一些当地美食的素材。吕先生刚和朋友在微信上聊完，打开短视频想随便刷刷，没想到算法推送的第一条视频就是成都当地旅游的内容。吕先生回忆当时的情景时说：

这太吓人了，就是我们发现算法在"偷窥"我们。我当时心里一阵紧张，这有点可怕啊！而且最关键的是这两个平台啊，它们肯定没有数据共享或者什么的。我就不知道是巧合还是啥，如果是巧合那太吓人了！我觉得算法都知道了我的想法，我上一秒还在说想去呢，你这一秒就让我去了。

这是吕先生意识到算法的时刻。被算法"偷窥"了的吕先生不知道这是巧合还是必然，但依然因算法的强大力量而感到极强烈的震惊。但这不是吕先生唯一感受到算法的严密"窥视"。还有一次，吕先生刚刚抵达广州，在酒店安顿好之后，打开手机一刷短视频，发现页面上全都是广州本地的视频。那一瞬间，吕先生感受到了："就是这个算法捕捉到我现在人在广州，它可能就立马基于手机的地理位置来推荐了。"2021年4月，吕先生又先后去了两次广州，第一次去的时候住在广州塔附近："在酒店刷的短视频前两三条都是关于广州塔的观光的，他就告诉你广州塔的玩法啊什么的。"后一次去，吕先生又刷到了广州美食推荐探店类的视频。这样的时刻，吕先生此后经历了很多次。"我每到一个地方，100%能刷到本地内容。"还有一次吕先生的朋友发了一个想去西藏转转的朋友圈，吕先生回复："那就走起呗！"紧接着吕先生就在抖音上刷到许巍唱的《蓝莲花》，配的视频画面正是西藏拉萨。多次这样的经历之后，吕先生总结道："这个算法就是首先基于你的地理位置，然后再匹配相应的内容。"

创作者佟佟曾在机场路过一家化妆品店，他随口和身边的朋友说了一句："去看看这家店有没有卖×××牌的香水。"几分钟之后，佟佟到达登机口，打开手机短视频应用，刷到的第一条内容就是刚刚和朋友说到的这个牌子的香水广告。凭着直觉，佟佟的第一反应就是——"这算法也太牛了，我立刻感觉被算法监视了！"还有一次，佟佟正在与家人聊天，谈到近期的房市变化和买房投资的问题。再打开短视频应用，算法就开始推送房地产广告。在佟佟的描述中，这样的"监视"不时就会出现，而且非常

"明显"。佟佟说:"我最开始觉得'哇,算法这么智能',后来就觉得,'唉呀!人现在已经没有隐私了'。"

无独有偶,创作者路路是一名大学生,有一次路路在宿舍和同学聊天,讨论参加合唱的时候准备买一个小领结来搭配。晚上路路躺在床上打开短视频一刷,发现算法推送的全是领结相关的视频,"有的是美妆博主在讲不同衣服搭配什么样的领结","还有的就是直接'安利'领结"。路路觉得"既神奇又可怕",她既惊叹于算法的强大力量,又感到"自己被偷窥了",有一种隐私被侵犯了的羞辱和气愤。路路甚至猜想:"照这样发展下去,以后算法是不是就能监控我的脑电波了?我什么都不用说出来,它就已经知道我需要什么了。"吕先生、佟佟和路路的故事在其他用户身上也在上演,在访谈和田野调查过程中,不断有创作者告诉我,自己经常感觉"被偷窥了""被监听了""被算法盯着"。这种被监视的感受贯穿在他们使用算法推荐类的应用的全过程。在我与张哥谈话的时候,他也不忘提醒我:"这个算法时时刻刻都在监视我们,我们现在说话它也在听着呢!"

在这样的日常情境中,用户的公共和隐私之间的明确分离已经遭到质疑,这使得算法作为一种数字监控机制从潜伏中被带到前台。在这些内容创作者看来,算法似乎洞悉了他们的生活。为了应对复杂的算法技术系统,他们必须在持续性的算法交互过程中推理和总结算法的技术逻辑与运作模式。

除了意识到算法根据地理位置信息来进行推荐,吕先生还提到算法会根据社交关系来进行推荐。2020年,吕先生和朋友一同前往深圳,在吃饭的时候,吕先生的朋友和吕先生提及刷到的一条视频。等吕先生回到房间打开手机开始刷短视频的时候,算法推荐的第一条视频竟然就是刚才朋友吃饭时说的那条:"经常就是朋友给我看或者分享给我,过一会儿我就刷到了或者虽然不是过一会儿,但是过段时间我也会刷到。"

算法依据社交关系来进行推送的情况还发生在创作者小聪和小柯的身

上。小聪告诉我："有的时候我的朋友会分享给我一些视频啊，或者就聊天聊到，然后我们就会突然发现我也正好刷到过。就很神奇！经常会这样。"虽然小聪并不确定算法到底是依据了他和朋友的好友关系来进行推荐，还是因为他们的品位相似所以算法依据偏好来进行推荐，但是小聪认为这就是算法在起作用："算法就是我也说不清（的事物），但是很厉害。"小柯也有类似的经历。小柯是一名科普领域的博主，他的同行常常会将自己看到的科普类的短视频分享到群里。这些时候，小柯常常会发现自己已经刷到过了。

上述这些创作者意识到算法的情境各有不同，但他们经历的那个时刻其实都是潜藏在日常生活之下的算法突然显露的时刻。感知到算法的这些瞬间常被称为"哇"的时刻（"Whoa" moment）①，那个发出惊叹的时刻是原先仿佛被迷雾笼罩的模糊判断突然变得清晰起来的时刻。算法似乎洞悉了他们的生活，他们感知到自己被编织进了一个庞大的技术系统当中。尽管还不清楚这个技术系统究竟是如何运作的，又是如何将自己裹挟于其中的，但是至少在这个明晰起来的时刻，他们认识到了算法的存在。

作为英语老师的海姐，同时也从事家庭教育相关的辅导。海姐刚开始使用短视频的时候关注了一批和自己领域相关的同行。看到好的家庭教育类视频，海姐常常会点赞和收藏。去年，海姐参加了一个家庭教育类的会议，在现场加了很多同行好友。但是海姐马上发现了问题，在点赞、收藏和加好友之后几天，每天刷短视频的时候算法都给她推荐家庭教育相关的内容。当时的海姐大受震撼："我的妈呀！我说怎么那段时间天天给我推！其他的我都看不到了。"一段时间内，海姐收到的消息都是"你所关注的家庭教育又怎么了，又怎么了"。这之后，海姐"再也不敢了"，她让那些家庭教育类的同行私下联系，从此再也不点赞和收藏了。那是海姐第一次感

---

① Bucher T. The algorithmic imaginary: exploring the ordinary affects of Facebook algorithms[J]. *Information, Communication & Society*, 2017, 20(1): 30-44.

知到原来短视频平台的推荐算法中点赞、收藏和关注的权重可能很大。海姐的经历展现了一种生动的场景，海姐被大量家庭教育类内容刷屏震撼的时刻，就是她意识到算法对她能接触到的信息产生巨大影响的时刻。正是基于这样的意识，海姐立刻采取了取关、取消点赞等一系列的措施来"使算法推荐恢复正常"。

欧洁的本职工作是一名扶贫干部，在短视频上创作是为了能够推进扶贫工作。在欧洁的账号里，她常常会将政策编成苗族山歌，用通俗化的山歌歌词来进行宣传。同时她也记录一些日常工作中的事情，拍一拍帮扶的贫困户老人和留守儿童，或是拍一拍当地扶持的林下作物种植等等。但是经过一段时间的创作之后，欧洁发现"我一唱山歌的话，它就推送得很快，点击率就很高，然后我发布的其他视频，它都没怎么推流。唱山歌的视频就有几十万、十几万的，其他的就少得多了。相差非常多！"不同内容的视频流量差距巨大，从这样的数据反馈看来，欧洁觉得算法是给自己打上了"唱山歌"的标签，"我觉得抖音平台就是给我定位在了唱山歌这块"。对于被这样定位的原因，欧洁分析道："可能这个抖音算法觉得唱山歌就是我最突出的特点吧！"感知到算法对自己的定位之后，欧洁开始调整自己的创作方向，"专门往苗族山歌上多发发"。在欧洁的经历中，我们看到了她如何意识到自己被算法分类和分析，她又如何想象这样的分类方法，以及她基于这样的意识又如何对算法做出回应。

海姐和欧洁的故事提示我们，存在一种比意识到算法的存在更进一步的意识，即开始意识到算法的局部运作机制。虽然这些反应的意识还处于萌芽状态，但它们显示了蓬勃发展成为算法解释和更广泛层面的社会性知识的潜力。和其他一些创作者一样，海姐和欧洁所展示的特定经历构成了算法力量的有力碰撞，这些关于算法的意识给了短视频创作者"做出反应的理由"，反应又被循环进入算法系统。

二、解释算法

在与创作者们的交谈中，我很少会直接问他们"算法是什么"这样的问题，但这实际上是一个逃不开的问题，创作者们总是会谈到他们关于"算法是什么"的各种假设和"算法是如何运作的"的见解。处于算法外部边缘的用户，特别是活跃用户，即参与短视频创作和直播的内容创作者对于算法构成和运作的解释补充了纯粹技术性的算法知识。这些生动的、充盈着创造力的关于算法的个体解释至关重要，它们植根于创作者日复一日与算法的互动经验之中，成为我们揭示算法的关键性构成的可能切口。这样的算法解释既包括了对算法的实然假设，即关于算法是什么的构想，而且包括了对算法的应然假设，即算法的规范性维度，关于算法应该是什么的构想，甚至还包括了对算法的运作机制假设，即算法如何发挥作用、产生效果和影响。

1. 工具化的算法假设

创作者楚先生认为算法是"工具化"的，缺乏"人性化""艺术性"的一段程序：

> 算法更工具化，它就是一段程序嘛。它可能是没有那么人性化的，或者说没有那么多审美在里面，它更多的就只是捕捉人的行为，然后进行判断而已，就是一些数据。比如说，我们前段时间很多这种影评人啊，或者是导演啊，在批判这种三分钟剪辑电影的短视频。我们在看这种快速剪辑的时候，我们是看不到艺术家的创作的，我们只能看到剧情的解说。那些镜头的语言是没有办法通过这种短视频来看出来的，那种更加艺术化、人性化的东西，那肯定是算法没有办法去弄出来的。……所以算法是没有办法测出内容好坏的。算法只有算法，只能根据看的人对这条视频产生的交互来大致判断这个视频的好坏。它的一切都来源于它分

发给的这些人的反应。

这样的工具化算法假设在其他创作者的表述中也时有出现，表现为很多人认为算法是"机器"，是"不通人情的""没有感情的""和人不一样的"：

> 算法是变化莫测的，我们谁也琢磨不懂。真的谁也看不懂，再专业的人也没有用。记住它就是计算机，它就是机器人，它没有任何感情。机器人有啥感情？没有感情……算法哪有什么感情啊，它不受任何人的左右，我们只有努力啊，只有坚持啊。（张哥）

> 抖音算法它就是个机器啊！它就是个大数据呀！（相同内容）的视频它说不给你发，你去点投放都是不能投放，都是违规的，但是发就有流量啊，你发别的就没流量，你卖别的货也没流量，太奇怪了。所以算法它就是个机器，它分辨不出来，只能人工做审核，只能说你举报以后，它把你这个号当成黑产给打掉，只能说这样，但是正常来说都是机器又继续给你推流量。（杰哥）

> 我就说算法是平台后面的一个机器人，它不是说跟你感情好，它就给你多点钱，让别人多去买。（凯哥）

和张先生的三小时深度访谈中，我们共计谈到了 12 次算法与人的关系问题。张先生反复强调"算法作为人的工具是中性的"，"算法没有偏向，算法呈现的偏向是设计算法的人的偏向"。他用梯子比喻算法："算法是人的工具。算法只是帮助你实现一个东西，就好像我想爬一棵树，那么什么也没有我也能爬，但是我拿梯子，然后我就爬得快。算法就是一个梯子。"作为资深的算法技术专家，张先生的算法假设很有代表性。类似地，在我访谈的几乎所有算法技术人员看来，算法就是人类用以达成目的的工具：

> 我认为算法也是个工具啊，它其实是为我所用的。它现在其实也是一个人造的程度，至少现在来说它并没有产生自己的意识。

哪怕它有自己的意识了，它也还是为我们提高社会生产力服务的。
（黄先生）

　　我觉得算法还是工具，因为它的目的都是人设定的，它是人创造出来的，没了人，它也没有用武之地了。（滋滋）

2. 人格化的算法假设

　　鹏鹏的直播间原先是四班倒工作制。四个主播轮班从早上 10 点一直播到次日清晨 6 点，每天直播 20 小时。但是一段时间之后，鹏鹏决定调整直播时间，现在的直播时间改为早上 10 点至午夜 12 点。当我问鹏鹏为什么缩短直播时间时，他这样告诉我："我感觉以前那样播账号太累了，休息了，它像一个人一直说话一样，一个人的精力也有限。现在晚上这个账号就当作休息了，你对它好，它就对你好。你不能把它累死！（账号）就跟人一样，要干活，你天天叫它干，天天叫它干，那肯定不行，它的能力不能说一直耗尽的。"在鹏鹏的眼里，账号仿佛有生命，直播时间太长，账号也会累，也会精疲力竭，"累虚脱了"。账号甚至还有自己的性格，会"投桃报李"和"以牙还牙"："它（账号）要是一天干 10 个小时的活，正好也不累，第二天不耽误对不对？但是你要它一天干 20 小时的活，那它就累虚脱了。"鹏鹏觉得如果每天长时间地开直播，不仅不会收获更大的流量，反而可能适得其反："你把账号累着了，算法不会给累了的账号发那么多流量的。"虽然被身边一起做直播的朋友嘲笑，但是鹏鹏非常坚定自己的看法。

　　将账号看成"人"，赋予其个性和人格特征，和前文所述的工具化的算法假设有着显而易见的不同，我将之称为人格化的算法假设。人格化的算法假设会将算法、账号、平台、数据等视作有个性、意图的行为主体。在创作者中人格化的算法假设也很常见，例如抖音平台的创作者常称呼抖音平台方为"抖爸爸"，以"爸爸"的人格化身份象征创作者自身与抖音平台方的权力结构不平等关系："抖爸爸说给你流量就给你，不想给你就不给你。"①

飘飘特别不喜欢算法依据她的偏好给她推荐内容,她觉得这是"算法在讨好我","我不喜欢任何人来讨好我";微微则发现有时候"算法也挺笨的",因为它只会根据停留时间来判断,根本"读不懂她的心思";余姐遇到流量不好的时候,会和自己的伙伴"吐槽"算法,"这个算法肯定今天脑子坏掉了,又出问题了"。在他们的眼中,算法有时会"很笨",会企图"讨好"人,可能突然"脑子不好使"。算法被塑造为一个有着人格特征、行为意图的主体。基于这样的算法假设,这些创作者更倾向于把算法的互动视作与人的互动,他们会揣测算法的"心理",以人际交往的方式来应对算法。

3. 算法的规范性维度

创作者们的算法解释中很重要的一部分是关于"算法应该是什么"的想象,也就是算法的规范性维度②,即人们期望算法以某种方式运行。如同意识到算法的时刻一样,在算法造成令他们不安或惊讶的效果之前,算法的规范性维度并不明显③。这种规范性维度常在算法没有按照人们期望的方式运行时,也就是算法的"崩溃"时刻④被凸显。本节中,我将用"算法偏差"来指代这种算法与创作者的预期不符的具体情境。

从创作者的角度来说,他们常常会遇到的一种"算法偏差"的情况是"原以为这个视频拍得很不错,肯定会被算法大量推流,但实际上流量并不如预期"⑤,而有些时候"没对这个视频寄予厚望,结果就爆了"⑥。在我的自我民族志中,这样的"算法偏差"在创作初期几乎伴随了每一条视频的创

---

① 此内容源自访谈对象张姐。
② Bucher T. The algorithmic imaginary: exploring the ordinary affects of Facebook algorithms[J]. *Information, Communication & Society*, 2017, 20(1): 30-44.
③ Zhang W, Chen Z, Xi Y. Traffic media: How algorithmic imaginations and practices change content production[J]. *Chinese Journal of Communication*, 2020, 14(1): 58-74.
④ 皇甫博媛. "算法崩溃"时分:从可供性视角理解用户与算法的互动[J]. 新闻记者, 2021(4): 55-64.
⑤ 此内容源自访谈对象富贵。
⑥ 此内容源自访谈对象曹姐。

作。当我创作了一条自以为很有趣、很吸引人的内容，得到的数据反馈都不是很好；而常常播放量不错的视频，都是我"水"出来的视频。这样高频率出现的"算法偏差"使我怀疑算法和我对于内容的评判标准根本不一致。我的感受并不是个例。我的创作伙伴也和我表达过相似的感受，最终我们的讨论只能以"算法的心思你别猜"暂且告一段落。

另一种"算法偏差"出现在账号定位上。思思是甘肃渭源的一名支教老师，她创作的内容大多围绕支教老师的乡村日常生活而展开。思思告诉我，她的创作都是纪实风格，没有摆拍也没有剧情。2020年的时候，思思做短视频特别细致，前期就会拍摄几小时的素材，后期还会进行细致的剪辑和制作。思思说："我剪个视频就要一两天时间，加点慢放动作啦，加点特效啦，加点不一样的音乐呀，然后加点文字啊花字啊。"但出乎思思意料的是，自己这样的精心制作竟然适得其反——思思的账号标签从"三农"领域被算法换到了剧情领域。"我做那么精致，结果人家以为我是剧情号。算法觉得'三农'领域的就不该有质量这么好的作品吗？"说起这事，思思还觉得很愤慨。算法的偏差使得思思不得不调整自己的创作风格："可能算法就觉得'三农'领域应该土一点，后边我也就不怎么剪了，镜头也不卡得那么严格了，也不做那些花里胡哨的了，省得又给我整成了剧情号。"苟先生也遇到过类似的情况。在创作初期，苟先生发现自己的后台显示账号的标签是"潮流"。这与苟先生的自我定位差距颇大："我觉得我这个明显是科技啊，怎么会是潮流呢？"之后，苟先生就立刻向平台反映，将自己的标签改成了"科技"。其实，思思和苟先生遇到的问题是算法的识别和分类体系与创作者自身的认知体系产生了冲突。这种身份的识别和分类时刻都在进行，但唯有在其与创作者的自我定位冲突时才会被发现。

从用户的角度来说，"算法偏差"还发生在用户对于算法推荐内容的预期与实际被推荐的内容之间的落差。就如曹姐对算法的抱怨：

> 这个算法就是死板，就不灵活嘛。我是喜欢看新闻，但是这

个新闻你第一次推给我，我认真看了，后面你就不要推给我了嘛，我都看过了。结果，这个算法还以为我喜欢看这个新闻，连着给我推。

算法推荐出现的这种偏差让曹姐觉得很苦恼，她觉得这种问题要是让人来理解，是很容易的，但是让算法来思考，算法就"死脑筋转不过弯来了"。

有时，算法偏差反映了文化观念和价值判断的整体性矛盾。欧洁对于短视频平台的整体内容生态不是很满意，她觉得有大量获得大流量的视频都没有什么意义。在欧洁看来算法更应该推送那些"正能量的""激励人的"内容。"正能量"作为中国社会政治话语中广泛使用的关键表达[1]，代表了一种普遍的利他主义，被短视频内容创作者挪用至对平台算法的规范性叙事之中。欧洁觉得短视频算法现在的问题就在于算法没能如她的预期般产生正面的社会影响。

从上述的例子中，我们发现对于用户来说，他们积极地注意到了算法的缺陷，进而批评算法、纠正算法，而不是接受算法无缝地（seamlessly）融入他们自身的媒体体验中。而通过这种方式，算法也在试图让更多的用户参与到反馈回路中，依据这些反馈它能对自身的系统进行纠偏，进一步迭代和优化，这一过程就像杰克·安德森（Jack Andersen）所说的那样，"虽然算法可能诱惑、压迫或强迫我们，但同时，它们也邀请我们理解它们"[2]。

4. 算法运作的想象

与普通用户显著不同的是，几乎每一个短视频内容创作者都有自己的一套理解算法运作的想象。对算法运作的想象是在以算法推荐为核心特征的平台上进行创作的基础。这些对于算法运作的想象并不一定准确无误，

---

[1] Yang P, Tang L. "Positive Energy": Hegemonic intervention and online media discourse in China's Xi Jinping Era[J]. *China: An International Journal*, 2018, 16(1): 1-22.

[2] Andersen J. Understanding and interpreting algorithms: Toward a hermeneutics of algorithms[J]. *Media, Culture & Society*, 2020, 42(7–8): 1479-1494.

但它们是创作者对算法做出回应的必要前提。

凯哥除了是一名主播，还是农村短视频电商讲师。他常用非常生动的示例来解释对于他的农民学生来说太过深奥的算法知识。对于算法的运作方式，凯哥用"抽水机灌溉农田"来比喻算法中的流量爬坡机制：

> 每个人发一个视频，平台都会给一个100—200的基础流量。很多时候后台是看你作品的累积，那么在这个时候其实我们每天坚持发作品，就相当于是每天在不断地练习，练习美，练习拍摄技巧。其实发多了它就会对比，你的作品是不是越来越好。有一个熟能生巧的过程。那么我的流量池势必会越来越高，可能这个时候我的作品一发上去就有1000的播放量。那我就继续再做，那我这样就会把那后台的500的流量池，1000—2000的流量池，5000—8000的流量池，10000—30000的流量池，30000—50000，还有50000以上的流量池慢慢地都打开了。相当于是干农活：我是用一个水桶往我的农田里面去灌溉好，还是用一个抽水机往里抽水灌溉好？抽水机的阀门是由谁来把握的呢？其实就是由我本人，我的作品越好，那么后台就觉得我的内容很可以，它就把我这个阀门加大了，就会大量地往我的农田里面抽水，那这个时候多多少少会抽进来一些小鱼小虾。我这个"小鱼小虾"的意思就是，多多少少就有一些对我的产品感兴趣的人。

就像孙萍对于外卖员的研究中所描述的那样："在食品配送平台的工作中，外卖员不仅仅是被动的实体，他们受到数字'全景'的约束；相反，他们创建了自己的'有机算法'系统。"[1]短视频创作者们也称自己总结出了一套"土算法"来模拟平台的算法系统，小安每发一个视频就会监测数据，他会对比播放量和互动量的比率：

---

[1] Sun P. Your order, their labor: An exploration of algorithms and laboring on food delivery platforms in China[J]. *Chinese Journal of Communication*, 2019, 12(3): 308-323.

如果前 5 分钟播放量和点赞评论率、转发率不成正比的话，那么这个视频就能感觉出来一定是"凉"了。如果 100 人看有 5 个赞，那基本上算是一个还不错的作品；如果 100 人看有 10 个赞，那么这个视频是非常热门的。

梁先生的"有机算法"则和播放量相关：

一开始我这个视频刚发出去的时候，它的播放量的变化就决定了这个视频能不能火。对我这个账号而言，正常的速度就应该是一分钟有 100 个播放量，这个视频就是达到了一般的水准，但是不够红。如果一分钟涨 500 个播放量，那么就有可能小火。如果一分钟有上千个播放量，那么这个就可能大火。

对于算法运作的解释，使得创作者们格外重视播放量、点赞量、评论量等指标。他们笃定这些不断飘忽的数字就是算法分配流量的根据，因此，他们参与到"提升数据的游戏"之中。[①]因此，我们发现，这些对算法的理解和解释所揭示的一个关键点在于，基于这些理解，处在算法外部边缘的用户能够对算法做出反应。从中我们发现，对算法的感知和想象不是虚幻的，当创作者有意识地对算法做出反应时，算法就不仅仅是一种存在抽象层面的"不真实的"东西，不仅仅是对算法的心理表征，而是可以通过塑造社会生活来影响物质现实的。

---

① Cotter K. Playing the visibility game: How digital influencers and algorithms negotiate influence on Instagram[J]. *New Media & Society*, 2019, 21(4): 895-913.

第三节　算法的社会性知识

前一节呈现了内容创作者们对于算法的形形色色的解释，其中很多是涉及推荐算法如何运作和施加影响的功能性的算法知识。这些算法知识区别于有着较高的技术门槛，被隐匿在黑箱中且通常是由跨组织的壁垒隔绝的算法专业理论；它们植根于日常经验，同时随着在创作者之间的流通，成为一种流动的生成性的共享知识。相较于在特定情境下发生和发展的个体的算法解释，本节所说的算法的社会性知识是一个复数的概念，它们是集体建构的，是在对算法操作逻辑的"集体遭遇"（collective encounters）[1]的基础上发展的"经验知识"（experiential knowledge）[2]在算法结构化的短视频平台上被分享和实施[3]。本节首先讨论创作者关于算法的直觉性理论从何而来，其次关注这些理论如何被共享、讨论，最终成为集体建构的算法社会性知识。

一、算法知识的生成与集体建构

内容创作者们常从与算法的互动过程中归纳和推演总结出算法理论。这是一种基于经验的知识。每当我问及算法知识从何而来这样的问题时，一些创作者会回答道，"多做做就自然知道了"或者"都是自己摸索出来的"。小柯认为，在抖音的推荐算法中，完播率是权重最大的一个因素。这个算法理论是小柯自己通过回归分析算出来的。之前的一段时间，小柯会

① Bishop S. Algorithmic experts: Selling algorithmic lore on YouTube[J]. *Social Media+Society*, 2020, 6(1): 2056305119897323.
② Bucher T. *If... then: Algorithmic Power and Politics*[M]. New York: Oxford University Press, 2018.
③ Bishop S. Managing visibility on YouTube through algorithmic gossip[J]. *New Media & Society*, 2019, 21(11-12): 2589-2606.

将自己账号内发布的每条短视频的相关数据[①]都记录下来，并进行回归计算和相关性分析。按照他的计算结果，他认为播放量和互动率、涨粉数关系都不大，唯独与完播率显著相关。因此，他推断抖音的推荐算法中完播率是权重最大的因素。小柯有理科背景，可以进行统计学相关的计算分析。

相较于小柯，大部分的创作者并没有这样的专业知识和能力，不能进行这样的计算，但他们依然可以通过简单的A/B测试（A/B testing）[②]和持续的数据对比归纳出自己的算法理论。创作者九千在创作初期对完播率的重要性不是很熟悉，发了几十个视频之后，她开始总结后台的数据反馈。她采用类似的基于统计方法的敏感性分析[③]，用从短至长的不同的视频时长来测试算法，依据获得流量的数据反馈来判定最优的视频时长范围。最后她试验出"30秒左右"是完播率最高的"完美时长"。不断地在实践中归纳总结是创作者们形成算法知识的基础。从这个意义上来说，算法可以被视作一种"体验技术"[④]，即通过使用来理解的技术，人们是通过使用算法来获得算法知识并内化算法的[⑤]。

此外，短视频平台都有相关的创作服务平台，例如抖音的创作者学习中心、快手的快手创作者中心。这些创作服务平台会普及与算法相关的基础知识，创作者们可以通过观看平台方发布的这些视频来了解算法。也有

---

① 小柯记录的数据是指他在抖音创作服务平台的创作者界面中能够看到的数据。抖音、快手、Bilibili等视频社交平台都有类似的后台数据服务功能。用户在后台即可观察到数据情况和变化。

② 一种统计方法，用于将两种或多种技术进行比较，通常是将当前采用的技术与新技术进行比较。A/B测试不仅旨在确定哪种技术的效果更好，而且还有助于了解相应差异是否具有显著的统计意义。A/B测试通常是采用一种衡量方式对两种技术进行比较，但也适用于任意有限数量的技术和衡量方式。参考来源：https://developers.google.cn/machine-learning/glossary?hl=zh-CN。

③ 敏感性分析（sensitivity analysis）是一类非常重要的，用于定量描述模型输入变量对输出变量的重要性程度的方法，在经济、生态、化学、控制等领域都已经有了非常成熟的应用。在机器学习领域，基于统计方法的敏感性分析通过大量的重复采样（bootstrap）能够对神经网络进行统计检验。在九千和其他创作者的例子当中，他们获知算法民间理论的逻辑与基于统计方法的敏感性分析原理类似。

④ Blank G, Dutton W H. Age and trust in the Internet: The centrality of experience and attitudes toward technology in Britain[J]. *Social Science Computer Review*, 2012, 30(2): 135-151.

⑤ Bucher T. The algorithmic imaginary: Exploring the ordinary affects of Facebook algorithms[J]. *Information, Communication & Society*, 2017, 20(1): 30-44.

很多加入了平台组织的创作者，他们可以通过在群里和平台的算法技术人员交流来获取一些算法知识。平台方还会组织创作者活动，邀请算法技术人员和一些熟知算法规则的运营人员为创作者们普及基础的算法知识。同时，这些从平台方面获知的算法知识又在创作者之间流传，演化出独特的通俗版本，多个版本拼凑在一起，最终组成了一种拥有官方背书的民间理论。

更常见的是，算法的民间理论有很大部分是在创作者社群中集体建构出来的。在创作者社群中，算法是永恒不变的重要话题：

> 我们这个圈子的人聚在一起就会聊这些（算法相关的）问题。（曹姐）

> 我们创作者群里面，大家会分享自己的经验，交流对算法的一些看法啊、规则啊什么的。（苟先生）

> 我们一群人都有微信群的嘛，主要就在微信群里聊怎么涨粉啊，最近算法有没有变啊，怎么办啊这些的。（吕先生）

甘肃的创作者小树和思思曾经遭遇过流量陡然下滑的情况，他们百思不得其解，最终他们在创作者社群中找到了问题所在。那一段时间，抖音算法更改了类目流量分配权重，导致"三农"领域的创作者的流量集体下滑。这一结论是在"三农"领域的创作者群中经由相互的讨论、驳斥和验证集体生产出来的：

> 每个人的流量都下降了，不管是大网红还是小网红，大家的流量都不好。……是有一个人先在群里问大家最近流量都怎么样了，结果大家一个个都出来说不好，下滑得厉害。大家才知道，原来不是自己一个人的问题。然后大家就一起讨论，分析原因，有人说是平台整治，有人说是流量被分到别的地方了，有人说是别的什么原因。后来我们就对比嘛，发现都不对，就是他们内部

商业部门之间的调整，所以改了算法，导致我们的流量都不好了。

（小树）

在小树和思思的案例中，我们可以看到，社群集体建构的算法民间理论在算法的规范性维度出现偏差时发挥了极为重要的作用。个体的算法理论有时并不足以验证大范围的算法变化，在这种时刻，协作式的算法民间理论就为创作者们找到应对算法的策略发挥了重大作用。另一位创作者梁先生也表示：

> 和其他那些创作者聊很多这些（算法相关的）话题，也给了我很多启发，我才不断地修正我的看法。我以前就觉得算法是看你的粉丝量和点赞量，这两个指标是算法看中的，但是我听了一些创作者的讨论以后，我发现这个转发率和完播率更重要。回头我仔细一研究，我觉得他们说得有道理啊。

那些关于算法的直觉性的和不精确的局部知识在这样的社群中被有效地组织起来，通过不断交换、共享、反驳和讨论，短视频内容创作者为应对他们共同所处的算法结构化的社交媒体典型情境集体建构了算法的社会性知识。

二、民间算法专家

易变的算法社会性知识又在短视频平台上被积极地分享。由于实际可获得的、能够被理解的算法知识在短视频平台上仍是稀缺的资源，因此用户总是希望能看到更多的关于算法知识分享的内容。也因此，这些分享民间算法理论的视频常常能获得更多的流量。

张姐每天除了开直播，剩下的大部分使用短视频的时间都在看别人关于算法的讲解，有时她在直播间听，有时她刷别人的视频来学习。曹姐也有相似的经历，刚开始创作的时候她并不了解短视频算法的逻辑和规则，她就通过不断地看其他创作者讲解的短视频和直播逐渐掌握了一些算法知识。而曾经做过短视频和直播培训的杰哥扮演的则是张姐和曹姐故事中的老师的角色，这些向其他创作者分享和兜售算法知识的人可以被称为自封的"算法专家"（algorithmic expert）。[①] 作为创作者与算法的中间人（intermediary），短视频平台上的这些民间算法专家通过发布与算法相关的知识视频来塑造自己的专家形象，然后再将其他的算法理论整合成"算法课程"售卖给其他迫切需要了解算法的创作者。北下朱的"算法专家"小宽和大当的"算法知识付费"生意就做得风生水起。他们常拍摄一些具体的算法知识视频来吸引创作者，例如："如何给账号快速打上标签？""直播间极速流量怎么来第二波？"观看视频的这些创作者想要了解更多信息或策略时，他们就会售卖"系统的""算法课程"。一个算法课程售价从1888元到6888元不等。甚至他们会直接帮助付费的创作者创作内容，实质上担任了内容的事实制作人和守门人的角色。

和算法工程师一类的算法技术精英不同，草根的"算法专家"不通过解读代码指令来解释算法的知识形式；作为内容创作者的一员，他们同样通过个人经验的累积和关系性的知识拼贴来获得算法的社会性知识。但和其他的内容创作者相比，草根的"算法专家"更多地在不同的算法知识社群中游走，以获得尽可能多的算法知识。

毕晓普在对YouTube算法专家的民族志研究中称，他们擅长利用霸权的"极客"（geek）亚文化的自我呈现策略来巩固关于算法的专业知识。[②] 但中国短视频平台背景下的草根"算法专家"提供了一些不同的，有时甚至是截然相反的经验。在田野调查中，我发现成功的算法专家并不热衷于那种指向数据的、客观化的算法知识，可能他们会在用以吸引潜在客户的短视

①　Bishop S. Algorithmic experts: Selling algorithmic lore on YouTube[J]. *Social Media+Society*, 2020, 6(1): 2056305119897323.

②　Bishop S. Algorithmic experts: Selling algorithmic lore on YouTube[J]. *Social Media+Society*, 2020, 6(1): 2056305119897323.

频或直播中分享这种类型的知识，但在对重要客户的实际指导中，他们提供了一种实用的差异化知识和策略组合。如前所述，算法知识在算法递归反馈回路的背景中通常是动态变化的，草根算法专家也因此强调捕捉算法变化并灵活地重新建构和运用算法知识的重要性，他们通常会指导客户随时调整自身实践，以应对整个不稳定的系统。在直播村中，那些提供线性的算法输入和输出关系的，所谓系统化"算法知识"的通常是直播培训机构和传媒公司，直播村中的创作者称这种机构都是"割韭菜"的，而他们评价算法专家所提供的算法知识的唯一标准是"有没有效果"。

协作式的算法社会性知识的建构就是在不断交换、共享、反驳和讨论的基础上生成的。关于算法的非正式的知识交流是富有成效的[①]，这些知识交流实际上可被视为一种松散的"经验知识"社区[②]内的谈话，而正是这些谈话，为创作者们与平台的无形算法协商提供了信息和支持。同时，与专业的算法技术社群不同，这样的算法知识社群是建立在毕晓普所说的用户对算法操作逻辑的"集体遭遇"的基础之上的。[③]正如曼海姆所言："进行思考的不是人的总体，甚至也不是进行思考活动的孤立的个人，而是特定群体中的人，这个群体已经从对他们的共同处境所具有的某种典型情境所做出的无休止的系统反应中，创造出了一种特定的思想模式。"[④]关于算法可见性的公共知识以这样自下而上的话语形式出现并组织起来，它们本质上是一种草根的互助形式，尽管如上例子中反映的那样——分享和组织的动机复杂，但这种互助大致上来源于所共同面对的强大对手。[⑤]互助的概念视角可以为算法社会性知识的建构过程提供解释。现在短视频创作者们所共

① Bishop S. Managing visibility on YouTube through algorithmic gossip[J]. *New Media & Society*, 2019, 21(11-12): 2589-2606.

② O'Meara V. Weapons of the chic: Instagram influencer engagement pods as practices of resistance to Instagram platform labor[J]. *Social Media+Society*, 2019, 5(4): 205630511987967.

③ Bishop S. Managing visibility on YouTube through algorithmic gossip[J]. *New Media & Society*, 2019, 21(11-12): 2589-2606.

④ 曼海姆. 意识形态与乌托邦[M]. 黎鸣，李书崇，译. 北京：商务印书馆，2002：7.

⑤ de Peuter G, Cohen N. Emerging labour politics in creative industries[M]//Oakley K, O'Connor J. *The Routledge Companion to the Cultural Industries*. New York: Routledge, 2015: 305-318.

同面对的强大对手正是算法，正是在这种相互依赖成为生存的必要条件时，支持的关系就应运而生了。①互助的产物，也就是算法的民间理论又指导他们应对与平台之间的权力不平衡关系。

第四节　对算法的批判性反思

工具性视角通常强调算法无处不在、无时不在，根据设定的规则重塑用户体验和社会生活，但在前述部分中，短视频创作者们提供的是另一个方向上的实际经验。这些经验展现的是他们关于算法的感知在人—算法交互的日常情境中如何被激活，并基于此建构了个体的算法解释和算法的社会性知识。其中，我提到了创作者们关于算法的规范性维度的想象，这些想象进一步发展成了一系列对算法的批判性反思。这些对算法的批判性反思代表了一种建立在对算法及其运作机制的熟知之上的用户审视。

一、"过滤泡""信息茧房"与"过拟合"？

在谈到算法推荐的时候，刘姐直接表示她并不喜欢算法推荐，原因是"我不愿意把我的思路局限在一个地方，我还想看点其他东西呢。算法推荐这东西就老推这一点，我觉得疲劳了。我觉得自己不能思路太窄"。刘姐在使用短视频应用时，时常觉得算法推荐的内容太单一了："我喜欢瑜伽，它就老给我推瑜伽。其实它不知道我也想看别的啊。"刘姐甚至因此一度拒绝使用算法推荐类应用，"我觉得这不行啊，（思路）越搞越窄，老看那些就没意思了"。刘姐的忧虑指向的正是算法推荐机制可能导致的"过滤泡"或"信息茧房"。

① Kropotkin K P. *Mutual Aid: A Factor of Evolution*[M]. London: Freedom Press, 1987.

2011 年，伊莱·帕里泽（Eli Pariser）第一次提出了"过滤泡"（filter bubble）概念，用以指涉一种"智能隔离状态"：受技术媒介的影响，用户与不同的意见信息分离，被隔离在自己的文化或思想泡沫中。①类似的概念还包括卡斯·桑斯坦（Cass Sunstein）的信息茧房（information cocoons）假设：互联网时代，用户虽然理论上拥有海量信息的获取权利，但实质上人们只会根据个人偏好来选择接触感兴趣的信息，长此以往，人们就会像被包裹在信息的蚕茧之中，无法接触其他的信息。②信息茧房又会进一步导致"回音室效应"（echo chamber），人们只会接触与自己观点相似的人群，采纳符合自己预期的观点，相似的观点在"回音室"中反复回荡增强，直至排斥其他的观点。

尽管学界已多次质疑"过滤泡"和"信息茧房"③，但作为深入人心的与算法的影响相关的概念，在访谈中，很多内容创作者会对短视频推荐算法可能造成的"过滤泡"产生担忧，他们担心因为算法推荐机制的影响，自己会身处茧房之中而不自知：

> 有的时候别人说的事情我没看过，没听过，也没刷到过。我就担心这个算法是不是独独给他们发，没给我发，我就漏掉了这些信息。别人刷到了，我却没刷到。（曹姐）
>
> 我觉得算法推多了之后，看的东西就变得很单一。推的都是你喜欢的东西嘛，看的都是你比较感兴趣的类型，可能有的人会觉得很方便，但是我觉得很单一。而且这个还蛮可怕的，你看不到别人看的东西了，所以我自己注意，特别是我也让小孩少刷这

---

① 帕里泽. 过滤泡：互联网对我们的隐秘操纵 [M]. 方师师，杨媛，译. 北京：中国人民大学出版社，2020.

② 桑斯坦. 信息乌托邦：众人如何生产知识 [M]. 毕竞悦，译. 北京：法律出版社，2008.

③ 陈昌凤，仇筠茜. "信息茧房"在西方：似是而非的概念与算法的"破茧"求解 [J]. 新闻大学，2020（1）：1-14，124；Möller J, Trilling D, Helberger N, et al. Do not blame it on the algorithm: An empirical assessment of multiple recommender systems and their impact on content diversity[J]. *Information, Communication & Society*, 2018, 21(7): 959-977.

些视频。（飘飘）

就如一些创作者反馈说，算法推荐的东西看多了之后，会觉得"内容单一""不再那么有兴趣了""想看点别的"。腾讯企鹅智库的调研报告也显示，当用户在平台上观看超 12 篇的内容之后，满意度会下降到 36% 左右。[①]

不仅创作者对"信息茧房"问题充满忧虑，算法的编码生产参与者——算法技术人员黄先生也从算法设计角度验证了产生"信息茧房"的可能性：

> 我认为信息茧房是肯定存在的，因为平台有这个盈利的需求，它肯定给你推特别喜欢的，让你在这一块觉得这个平台了解你的喜好，它比较不会说冒险地拿一些不符合它对你的偏好的预期的内容来试探你喜不喜欢。按照现在短视频平台的状况，基本上算法尝试给用户推荐的视频会比总体视频推荐量的 10% 还要少。

但同样也有很多的创作者表达了不同的观点，他们认为算法造成的"过滤泡"可能并不存在，或者对他们的影响并不大。根据日常的平台使用体验，创作者七朔认为算法推荐并不会造成"信息茧房"：

> （算法）不可能不给你推其他的，只是占比不一样而已。你喜欢的东西占比多一点，但是其他东西也会给你推的。我觉得是六四的一个比例吧。就是你喜欢的占六，然后可能没有那么特别感兴趣的占四。像我平时就是搞笑类的占六，其他游戏啊什么的还有一些咱平时不是很了解的占四。算法也知道我喜欢啥，但是它也会考虑到不能只看这一种嘛，所以我觉得它也有考虑的。

相似地，凡哥觉得算法的"信息茧房"问题并不成立，因为用户可以

① 企鹅智库. 内容生态的再次进化：数字内容产业趋势报告（2020—2021）[EB/OL]. (2020-12-03) [2021-11-06]. https://new.qq.com/rain/a/20201203a09a9u00.

通过主动搜索来打破"回音壁"效应，另外随着所获取数据的累积，机器学习的机制使算法推荐会更智能，会考虑到要推送更加多元的内容来不断提升用户的满意度。

在算法的技术性层面也有多种方法来降低所谓的"过滤泡"和"信息茧房"问题。算法技术人员黄先生以机器中的"过拟合"（overfitting）来类比"信息茧房"。在机器学习领域，过拟合是指创建的模型与训练数据过于匹配，以至于模型无法根据新数据做出正确的预测。在推荐算法系统中，如果一个推荐算法模型出现了过拟合问题，则其只能向受众推荐特定范围内的内容，其他内容不在模型的预测列中，这时则需要引入训练神经网络的一种方法——"丢弃正则化"（dropout regularization）来使模型泛化（generalization），即从神经网络层中随机选择固定数量的单元丢弃，以拓展其对新数据做出正确预测的能力。[①]类似地，为了应对算法推荐可能造成的"过滤泡"和"信息茧房"问题，在实际的算法设计过程中，平台会有意控制符合用户偏好的内容推送数量，同时会引入一些不符合过滤机制的其他内容来突破"过滤泡"。这些不符合过滤机制的其他内容是算法推荐系统的关键元素，被称为"意外发现"（serendipity），它们将增加推荐集的多样性。[②]不过值得注意的是，对于不同的平台来说，这种破除"回音壁"效应的算法设计强度是有差异的。

二、"成为算法的奴隶"

创作者苟先生是一位高校教师，在我接触的所有创作者中苟先生可以算受教育程度最高的创作者之一。因具有工科的教育和工作背景，苟先生常常会对技术相关的问题特别感兴趣，其中自然也包括算法的问题。从2019年开始成为短视频创作者至今，苟先生对于短视频平台和算法的了解

---

① Srivastava N, Hinton G, Krizhevsky A, et al. Dropout: A simple way to prevent neural networks from overfitting[J]. *The Journal of Machine Learning Research*, 2014, 15(1): 1929-1958.

② Kotkov D, Wang S, Veijalainen J. A survey of serendipity in recommender systems[J]. *Knowledge-Based Systems*, 2016, 111: 180-192.

逐渐加深，随之他对于算法的思考也越来越多。

"最后其实我们所有人都是算法的奴隶。我现在就感觉自己被机器奴役了，我们这些创作者可能是第一批被算法所控制的人。"这是我刚和苟先生谈到对算法的看法时，他脱口而出的话。据他所说，"成为算法的奴隶"这个观点他已经思考了很久。也正是因为长期浸淫在短视频平台的算法环境中，创作者们对于算法的控制和操纵比一般用户的感受深刻得多。苟先生认为，算法操纵创作者的方法很简单，就是通过分配流量来实现有效的控制：

> 因为流量直接体现商业价值，无论是接广告，还是去挣流量分红，首先我的播放量得上去。究竟什么样的播放量才能上去，完全是由算法说了算的。就是它如果给你分发了 100 万的流量的话，你就可能会完成 10 万（播放量）。分发 1000 万的话，那你就是 100 万（播放量），到底是 100 万还是 1000 万，这里面的算法改的都不是前面的系数，就不是 k 乘以什么东西，它是什么东西的 k 次方。它是这样子去调整的。而且这里面还有一个分发精准度的问题。有些时候它会更精准地往你的粉丝上面分发，增加粉丝的分发量；有些时候呢，是通过分发去增加路人的分发量。

但是，算法的具体分配规则不是由算法设计者直接制定的，而是通过机器学习来自动化制定的。算法设计者只能制定算法的目标，但具体的规则是随时变化的，连算法设计者都无法掌握：

> 究竟怎么做才能最好？这个连他们自己的算法工程师都说不上来。他们自己的算法工程师都没有办法给我们提供一个比如说公式，这个公式是分发量等于粉丝数乘以什么，再乘以什么多少次方，它这个给不出来的。因为这个式子每天都在变化，通过算法不断迭代。比如，这个月发现我以这样的分发方式分发出来之

后，我们整个平台的日活少了，那我就去调整一下，我把流量进行更多的分配，游戏、娱乐、舞蹈音乐，然后过一阵可能再做一个调整。或者本来是看封面点进来看视频，现在变成了直接视频播放，这马上又不一样了。就很有可能你这句话说得不对，或者你多说了一个字或少说了一个字，就你的流量就大不一样，我有一个朋友，他曾经一个视频最开始的时候播放量才几万，然后他发现不好，然后他就把这个视频撤了，删掉了里边的一句话，这个播放量立马就变成了几百万，就只是删掉里面的一句话而已，所以他删掉这一句话，可能就导致完播率提高了一个点或者两个点，然后它瞬间就变到了下一个量级或者怎么样。这里面，人是说不清楚的。

就连我们去问他的算法工程师，算法工程师其实都非常无辜地说他也不知道，因为他们不能控制人工智能是怎么想的，最后他们只看那个结果。最后的结果就是我们的日活上来了，就说明现在的算法是对的，日活下去的时候，现在的算法就不对。这方面中国的企业绝对是做在前面的，就是相比同类的，比如说YouTube，它的算法特别地简单粗暴，就是它会非常明确地告诉你，你的一个播放量是多少钱，它很明确。但是西瓜（视频）这边就连你一个播放多少钱，它都是经过算法算出来的。（苟先生）

实际上，这里所论述的正是前文中提及过的机器学习的可解释性问题和异构性问题。正如苟先生所说，由于机器学习算法是依靠大量数据输入训练出来的，因此其结构的复杂性很强，充满了"流动性、可修改性和协商性"①，而可解释性很弱，同时迭代的速度极快，这也就意味着依靠人力很难进行有效的分析和解释：

① Seaver N. Knowing algorithms[M]//*digitalSTS: A Field Guide for Science & Technology Studies*. Princeton: Princeton University Press, 2019: 412-422.

　　一旦进入人工智能（artificial intelligence）时代之后，它不是几行代码的问题。在我们这个领域，它甚至相当于是个泛函，它是函数的函数，基本上这个函数自己还会在那变，所以就很麻烦很难。我找几个中国科学院计算所的人去做一个模式识别，兴许能识别出来，但是这个识别的速度不会大于它更改的速度。就像一个密码一样，就是破解出来计算机里面有这种模式识别嘛，我可以通过你最后的这个数据，第一你要有它分发的一个大数据，就是关于它的结果的一个数据，我可以通过这个结果的数据和它变化的过程，也就是模式识别，识别出来你这个算法可能是什么样的。这个是可以做到的，但也是用人工智能去迭代做到的，然而这个迭代不过人家的速度，就是你这边可能是搞出来了，但那边又变了。不过，未来中国会有大量的人依靠这个吃饭，所以这些人就是AI的奴隶，我觉得就会沦为算法的奴隶。（苟先生）

所以这也解释了另一位创作者杰哥所说的情况，不论是个体的创作者还是MCN公司，都很难直接掌握算法的变化：

　　很多品牌公司当时转做抖音，从去年他们一开始说成立几个人的团队，后面都成立独立部门，但还是玩不过。因为抖音在按小时进行变化，变得非常快，玩法迭代非常快，你今天可能还在玩憋单，明天就已经玩连爆了。人就永远赶不上这个速度。

根据与短视频平台技术人员的访谈，以当下抖音或快手的数据体量，其推荐模型的更新速度将会快于每半天一次[1]。实际上，可以说算法时刻处于变动之中。

对于以短视频创作和直播为生的这些人，算法掌握了他们的身家命脉。他们常常感觉个体的力量过于渺小，无法与强大的算法相抗衡。就像苟先

---

① 此内容源自访谈对象黄先生。

生说的那样：

> 我们这些创作者就得按着这个（算法）设置的规则来啊，如果不跟随，那流量一定不好，这个号就废了！

作为专业的算法工程师和算法技术部门管理人员，张先生其实并不认同是算法在操纵我们的生活："算法只是工具嘛，是算法背后的公司想要挣钱，所以才用算法这个工具来进行控制。"张先生对于技术的中立性解释直接导致他认为，算法的大规模操纵是文化内部的力量而不是技术的进步造成的，技术的道德责任应当由技术使用者承担。但同样他也指出，相较于其他工具，算法是一种更加有效的控制工具。利用算法这种工具，平台对于个体创作者的控制程度会大大加深：

> 我举个简单的例子，比如说我现在是在一个工厂里工作，有的时候我会偷点懒，我打个盹或者什么的，那么以前因为管理人员可能没有那么多，他也看不到我打个盹。但是现在用一个相机对着我，我一打盹它马上就报警。那其实这就是控制得更严了嘛。它控制的能力提升了。……50年前的控制手段其实也是比较粗糙的，没有那么多工具能够控制得好。现在虽然说每一个人普通人所接受的信息量比50年前可能要大100倍，但控制手段的强度可能是101倍啊。……算法就是很关键的一个问题，因为它背后的这个人的意志被无限放大了。（张先生）

在张先生看来，算法技术发展的趋势是随着技术的不断发展，控制的强度也随之不断加深。也就是说，技术所带来的好处并不是均匀分布的，它确实降低了一些人的成本，但也同时提高了另一些人的成本，掌握技术的人和不能掌握技术的人最终分化为两个群体。终究被控制者笼罩在强大的算法工具的控制之下，这种控制无时无处不在，渗透到生活的方方面面。

本章小结

本章中，我刻意关注了人们对于算法的感知维度，将它们置于具体的遭遇算法的情境[1]之中来理解。虽然大多数技术的设计方式使人们不必确切了解其工作原理[2]，但人们倾向于构建关于其工作原理的理解模型，以此作为指导自身和与世界互动的方式[3]。因此，理解算法不仅仅是技术性抽象的过程，更是日常的过程，它涉及人的情绪、感受和想象，最终对物质现实产生影响。

理解算法是个体和集体协作式的解释过程，而不仅仅是一个技术理解的问题。[4]本章中所提到的理解算法的几个维度之间并不能截然分割，更多的时候在涉及算法的理解上，它们彼此共存，并且逐层递进。算法意识和解释算法更多是在个体的层面上进行讨论的，在此基础上通过各种形式的交换、传播和互相竞争个体化的意识、想象和解释，促成了更广泛层面共享的算法的社会性知识。对算法的批判性反思则是建立在上述的这些解释和知识的基础之上的，它更进一步地反映了创作者们作为活跃用户，是如何评估人—算法的关系的。

这些关于算法的理解至关重要，它们是用户与无形地隐匿于生活中的算法进行进一步协商的基础，也就是下一章中将要呈现的算法实践的结构性条件。不精确的、处在不断变动中的、自下而上生成和组织的算法理解模型直接指导了人们如何制定与算法进行互动的策略和如何对算法做出回应。而这些实践将是下一章着重探讨的问题。

---

① Berlant L. *Cruel Optimism*[M]. Durham: Duke University Press, 2011.
② Hardin R. If it rained knowledge[J]. *Philosophy of the Social Sciences*, 2003, 33(1): 3-24.
③ Orlikowski W J, Gash D C. Technological frames: Making sense of information technology in organizations[J]. *ACM Transactions on Information Systems (TOIS)*, 1994, 12(2): 174-207.
④ Ytre-Arne B, Moe H. Folk theories of algorithms: Understanding digital irritation[J]. *Media, Culture & Society*, 2020: 0163443720972314.

第四章

算法实践：短视频创作者
与算法的递归关系

算法生活
短视频平台算法与内容创作者

上一章具体阐释了推荐算法系统的技术逻辑和其中的重点技术问题，以及创作者们理解算法的具体情境和过程，而算法作为人类和技术机构的独特整合（distinct integration）[1]，已经导致了社会实践的根本变化[2]。因此，本章在理解算法的基础上，将进一步考察短视频平台的内容创作者们与算法进行互动的实践维度。

毋庸置疑，现在算法拥有强大的力量，如前两章所述，这不仅来源于代码的广泛影响及其后果，还涉及关于算法的理解和想象在社会中传播的强大方式。[3]但算法的强大力量施加在个体身上，又给人们一个"反应的理由"，他们近乎必然地会对算法做出自己的反应。

在本书中，人们对算法的这些反应以及随之而来的行为被称为算法实践。算法实践被定义为用户应对算法逻辑和流量分配机制的个体或协作式的参与行为。尼克·库尔德利（Nick Couldry）对于实践的关注指向行为，因此他特别强调媒介实践是在"行为的语境里参照人正在用媒介做什么"[4]。依循库尔德利"媒介实践"的思路，对于算法实践的关注点也同样在于行为，一系列用户相互竞争和协作的松散协调（loosely coordinated）的行为构成了算法实践。

这些基于不同的算法理解模型的实践以"迎和"算法、"欺骗"算法、"驯化"算法、"抵抗"算法等不同的行为形式呈现，更多时候这些行为形

① Napoli P. The algorithm as institution: Toward a theoretical framework for automated media production and consumption[C/OL]. Proceedings of the Media in Transition Conference, 2013[2020-10-25]:1-36. https://papers.ssrn.com/sol3/papers.cfm?abstract_id=2260923.
② Van Dijck J, Poell T. Understanding social media logic[J]. *Media and Communication*, 2013, 1(1): 2-14.
③ Beer D. The social power of algorithms[J]. *Information, Communication & Society*, 2017, 20: 1,1-13.
④ 库尔德利. 媒介、社会与世界：社会理论与数字媒介实践[M]. 何道宽，译. 上海：复旦大学出版社，2014：39.

式是混杂在一起的。由于对于算法的偏隘的技术性理解，之前的研究少有关注创作者们对于算法的回应行为的。少数关注了这些回应的研究几乎都是在西方的语境下进行探讨的，并且常常是个人的、反应式的，但从对短视频创作者的考察中，我不断发现中国的短视频创作者们发展出了更加深入、形式更加多样、变化更为迅速的算法实践。中国短视频创作者的这些算法实践将为我们展现微观层面与算法进行协商的动态的和生成性的过程。

第一节　测试算法：非正式逆向工程实践

　　本节将讨论创作者们对算法的测试实验。这些测试实验的基本逻辑通常来自"逆向工程"（reverse engineering），即通过严格的检查，借助领域知识、观察和推理来阐明系统的技术参数的过程，以挖掘该系统如何工作的模型。[1]对于算法的测试实际上是通过检查哪些数据被输入到算法中以及产生了哪些输出来逆向工程算法的"配方"（recipe）以及确定算法的功能。[2]

　　创作者楚先生前段时间发了一条朋友圈，感慨他涨粉的过程："你们只看到我从 10 万粉丝到 20 万用了 23 天，从 20 万到 30 万用了 1 天，但是你们没有看到我从 0—10 万用了 3 年。"当我就这条朋友圈和他谈论的时候，他告诉我发这条朋友圈是想说明："其实成功的秘诀就是一直研究算法，不停地去测它的一些规则。"楚先生所说的"测规则"就是很多创作者对算法

---

[1]　Diakopoulos N. Algorithmic accountability reporting: On the investigation of black boxes[R/OL]. Tow Center for Digital Journalism[2020-09-23]. https://towcenter.columbia.edu/news/algorithmic-accountability-reporting-investigation-black-boxes.

[2]　Kitchin R. Thinking critically about and researching algorithms[J]. Information, *Communication & Society*, 2017, 20(1): 24.

做出有效回应的第一步——测试算法。由于算法内部缺乏透明性[①]以及结构上的异质性[②]，创作者们无从获取有关算法的技术细节，推荐算法系统对于他们来说基本是不可知的，因此，创作者们只能通过对算法进行测试实验以验证算法解释的准确性，这可以被视作一种非正式的逆向工程实践。就像楚先生说的："就是自己是有这样的想法的时候，我只能通过自己去试才能知道算法到底是不是这样。比如我想设计一个有悬念的开头来讲述故事的话，效果会不会更好？如果是在语言表达的时候，我这么说当然是更好的，那我试试看在平台当中是不是算法也是这样想的，一种验证嘛。"

大量的创作者进行算法测试的目的是了解算法分配流量的加权规则；具体来说，就是了解算法是如何权衡和偏向某些标准的。[③]在小安看来，互动率指标在抖音的推荐算法中占的权重最大。小安曾经对包括互动率、完播率、涨粉数在内的数据指标进行过控制变量的实验，最终他发现"只有点赞量高、评论好的，流量才高，其他都没什么用"。在总结出这样的算法知识之后，小安每次"买流量"的时候，都会偏向于选择投互动率高的选项。

而张姐对算法进行测试则是为了了解算法对于账号定位的偏向。最近张姐开了个小号直播带新疆特产，这与张姐之前做的"打PK直播"和"红娘直播"差别很大。当我询问张姐原因时，张姐告诉我："我做这个小号的意思就是试试看它（算法）会不会喜欢这种。我不能光做红娘（直播）这么简单的，我得试试别的，看它（算法）支持不支持这样。"

佟佟最近收到了几次平台官方运营的创作邀约，全都是有关本地生活的。平台方的要求是必须带上定位，几次之后，佟佟觉得这是官方倡导的一种新趋势："我觉得他们一定是开始关注位置信息这块了。"察觉到平台

---

① Chun W H K. *Programmed Visions: Software and Memory*[M]. Cambridge, MA: MIT Press, 2011; Pasquale F. *The Black Box Society: The Secret Algorithms that Control Money and Information*[M]. Cambridge, MA: Harvard University Press, 2015.

② Seaver N. Knowing algorithms[M]//*DigitalSTS: A Field Guide for Science & Technology Studies*. Princeton: Princeton University Press, 2019: 412-422.

③ Kitchin R. Thinking critically about and researching algorithms[J]. *Information, Communication & Society*, 2017, 20(1): 24.

方可能"战略调整方向"，佟佟决定自己先开始算法测试："我现在每条视频都加位置信息，因为我看到这样一个趋势，我就要试试，试试看算法是不是真往这块走了。"

五哥对于算法的测试更加全面。五哥曾经进行过的创作要素测试包括视频速度、视频背景、字幕、标题、封面，甚至"在视频里坐着还是站着""横屏还是竖屏""文案中改一个字"。正是经过这些事无巨细的A/B测试，最终五哥得出了一套"最适合自己的（创作）公式"。五哥觉得这样的算法测试进行得越细致对于提升可见性来说效果越好。但是对于个人来说，精细化的测试会花费大量的时间成本和人力成本，因此，五哥觉得团队创作更容易："公司人多，可以一直试啊。一旦试到一个对的公式，他们就可以复制到很多账号上，那就很容易了，一下子有几万粉丝的。我们自己不断尝试是很花时间的，但是公司的这种就很快。"

除了在创作过程中对算法进行测试，创作者们还经常利用DOU+、快手粉条这样的付费工具对算法进行测试。一种测试方法是"买流量"，根据付费工具反馈的数据报告来测试"买流量"是否有效。苟先生就常用DOU+来"做实验"：

> 我投DOU+是想试一下这个东西有没有用，看看算法会给花了钱的人多发多少流量。试了几次我就发现，其实DOU+这个东西一般只能是"锦上添花"，不能"起死回生"，就是说一般不能把一个不太好的视频救活。一般来说，它只有在你的作品本来就不错的时候才有用。光买流量是没什么用的，只有在作品不错的时候才有点用。

另一种测试方法是将DOU+当作自查视频是否会被算法限流的工具。余姐和她的朋友们总是将DOU+当作检测"机器人今天是不是脑子出问题"的最简便方法：

因为具体它（算法）怎么过滤我们也不太清楚。那比如说今天这个帖子没有流量啊，就是说肯定出现了什么问题。那我们怎么办呢？其实我们就是可以试试这个DOU+。比如说DOU+买一点，有些帖子它都是DOU+不给你做的，会跳出提示说审核不通过。那就说明这个帖子就有问题，那就把它隐藏掉。……这种方法就是很方便就能知道自己的帖子到底有没有问题，要不然我们也不知道算法发现了什么问题。这个方法还不用花钱，方便得很。

在很多使用推荐的视频平台上，由于缺乏推荐算法运作的透明度，创作者们无法准确地从官方渠道获知自己的作品是怎么被推荐的，在哪里能被看到，以及将被谁看到。但这些问题对于创作者们来说显然至关重要。因此，他们常常以协作的方式来测试算法，战略性地运用资源，以最终"拼贴"出算法机制和运作模式。大毛是一名B站"up主"（视频上传者），2021年5月他发布一条作品之后，在评论区置顶了一条自己的评论（如图4-1所示）。这条询问有多少人从首页过来的评论实际上相当于是大毛进行的一次算法实验，他想通过作品观众的评论回复了解算法推荐如何分配私域流量和公域流量。首页进来的观众代表了算法分配的公域流量，而从关注页面刷到的则代表了大毛本身的私域流量。尽管这样的算法实验可能不够准确，但大毛的故事展现了通过和观众之间的亲密关系来填补算法知识的漏洞的可能，提供了一种创作者们利用交叉参考来测试算法可见性的有效方法。

图4-1 大毛视频的评论区

虽然逆向工程可以对嵌入算法中的因素和条件给出一些指示，但它们通常不具有任何特异性[1]。因此，它们通常只提供算法如何工作的模糊信息，而不提供其实际的构成[2]。而提高清晰度的一个解决方案是使用机器人，将它们伪装成用户，与算法进行大量的交互测试，生成和获取虚拟数据。大当和杰哥都声称在福建有一些技术公司，专门使用大量机器人对算法进行测试，从而了解短视频平台的算法变化，以便随时顺应算法的"趋势"并获得流量红利。大规模的、系统的对算法的逆向工程测试正成为新的行业趋势。

① Seaver N. Knowing algorithms[M]//*DigitalSTS: A Field Guide for Science & Technology Studies.* Princeton: Princeton University Press, 2019: 412-422.
② Diakopoulos N. Algorithmic accountability reporting: On the investigation of black boxes[R/OL]. Tow Center for Digital Journalism, 2014[2020-09-23]. https://towcenter.columbia.edu/news/algorithmic-accountability-reporting-investigation-black-boxes.

第二节　驯化算法：隐性和显性反馈的作用

如前文所述，机器学习方法本质上是由人类产生的数据驱动的[1]，算法所做的事情取决于它从用户那里接收到的输入[2]，因此人可以通过与算法的交互对算法产生影响。随着算法渗透到日常生活的方方面面，人与算法每时每刻都在进行深度交互。在这样的深度交互中，用户也在不断地尝试驯化算法，使之理解自己的想法和意图，并最大限度地"为我所用"。本节中，我借用的罗杰·西尔弗斯通（Roger Silverstone）的"驯化"概念[3]正是用以展现创作者以日常生活"规训"算法技术及其使用形态的过程[4]。本节聚焦短视频用户对算法的驯化，他们通过日常的、有意识的持续修正对算法施加影响。

在上一章中，创作者吕先生描述了他被"偷窥"的经历，但他并不担心算法对他的"监视"和"控制"，原因就在于他认为自己可以利用机器学习的机制来"培养算法"：

> 我完全可以去培养算法，比如说这个东西我不喜欢，我直接点"不感兴趣"，两次之后它也不给你推荐。还有我喜欢点收藏，比如说看到有什么攻略类的呀，或者什么我感兴趣的我就收藏下来。我一般都是这么干的，喜欢的视频我就给一点奖励，不喜欢的就点"不感兴趣"。就用这些收藏、点赞、评论什么的教它，慢慢地，算法就被训练得很懂我了。

---

[1]　张钹，朱军，苏航. 迈向第三代人工智能[J]. 中国科学：信息科学，2020（9）：1281-1302.

[2]　Kitchin R. Thinking critically about and researching algorithms[J]. *Information, Communication & Society*, 2017, 20(1): 14-29.

[3]　西尔弗斯通. 电视与日常生活[M]. 陶庆梅，译. 南京：江苏人民出版社，2004.

[4]　潘忠党."玩转我的iPhone，搞掂我的世界！"——探讨新传媒技术应用中的"中介化"和"驯化"[J]. 苏州大学学报（哲学社会科学版），2014（4）：153-162.

创作者梁先生在认可算法拥有强大的力量的同时，也依然强调算法是可以被驯服的，"像驯服猛兽一样，把它驯化成一个符合自己的品位、自己的要求的一个工具"。

对于技术的驯化是一个长期的过程而非短期的奇观[①]，所以创作者还常常表示，刚开始的算法推荐并不能完全地符合自己的需求，但是通过持续地、有意识地"驯化"算法，算法就会越来越"好用"，越来越符合自己的需求。

推荐系统的用户行为分为显性反馈和隐性反馈[②]，创作者驯化算法的方法可分为两类：一类通过控制隐性反馈来驯化算法，另一类通过主动的显性反馈来驯化算法。

一、隐性反馈的驯化

隐性反馈是指用户在使用过程中留下的自然行为数据，用户不明确表达自己的喜好信息，例如，浏览、点击、停留时间等；显性反馈指用户主动表达的行为数据，明确表示自己喜好的行为，例如，点赞、点击"不感兴趣"、搜索等。

短视频用户常常会通过控制隐性反馈来驯化算法。他们会判断自己是否浏览作品，有意识地调整自己的停留时间，这些带有"表演"性质的行为都是为了实现"驯化"算法的目的。珍姐平时不喜欢那些"有剧本的""一看就很假"的短视频内容，但是"快手上挺多这种段子"。刚开始使用快手时，珍姐经常被推送这样的内容，她说："我也不知道怎么回事，可能很多人喜欢看吧，它就老给我推，我就想办法让它别给我推了。"之后在使用过程中，珍姐尽量不去点击那些看起来像是"有剧本的"视频，即

---

① 楚亚杰.超越接入：中国城市日常生活场景中的网吧研究[D].上海：复旦大学，2013.
② 项亮."今日头条"文章怎么被推荐[EB/OL].(2018-11-23)[2021-11-20].https://www.toutiao.com/i6627029288799453703/?tt_from=weixin&utm_campaign=client_share&wxshare_count=2&from=singlemessage&timestamp=1552009626&app=news_article&utm_source=weixin&isapp installed=0&iid=65298204595&utm_medium=toutiao_ios&group_id=6627029288799453703&pb id=6785520920733730308.

使不小心刷到了，也会很快退出，保证自己在这类视频上的停留时间很短。就这样，算法通过捕捉珍姐的隐性反馈迭代用户模型，最终实现有效的个性化推荐。

创作者福福在日常的短视频媒介使用过程中，会刻意地控制自己的停留时间，以便让算法更明显地感受到她的偏好："如果我把一个视频特别快地划过去，那大数据就会知道我的想法了，知道我不喜欢这类视频，如果我喜欢的话我就会故意多看一会，比如做手工的，或者摄影的，一段时间以后，算法肯定也就懂了，以后就给我推这些。"

二、显性反馈的驯化

相较于隐性反馈，显性反馈数据集数据量较小，但可以明确区分正负样本，准确分析用户表达的含义。短视频平台上，用户利用显性反馈来驯化算法的方法一般包括点赞、搜索、点击"不感兴趣"、点击"举报"等。

在创作者们看来，点击"不感兴趣"是比控制短停留时间更有效的表达不喜欢态度的行为。海姐平时喜欢看音乐相关的视频，但同时由于短视频平台的内容质量参差不齐，海姐经常会刷到一些她不是很喜欢的视频，"有时候那些唱得不好听的，然后又没什么美的（内容），它也会爆了热门之后自动地出现。看见这种视频我马上就点我'不感兴趣'，因为我不需要那样的（内容），我就让算法不要推荐给我，后面它也就学会不推荐给我这种的（视频）。"苟先生也会利用"不感兴趣"对算法进行驯化："要是有我不喜欢的，我会长按那个'不感兴趣'。"这样的显性反馈之后，"近几个月算法就不会推荐这类的了"。但是相较于海姐的驯化方式，苟先生的驯化规则显得更细致一些，他会根据不同的情况用不同的方式来表示"不喜欢"的程度：

> 如果是某个人，他的内容不好，那我一般就会选择划过去；
> 如果是不喜欢这个人，我不想再刷到这个人的视频了，那我会点

"不感兴趣"。但如果是他讲的这个东西我觉得是不对的，或者说是我觉得他讲的这个东西价值观有问题，那我就会点"举报"啊什么的。……一般我如果点"不感兴趣"或是"举报"，一般平台就也不会再给我推荐这个人。

但有时候，点击"不感兴趣"这样的驯化方式在实施过程中也会遇到算法识别出现偏差的问题。小柯在利用"不感兴趣"按钮驯化算法时发现：

> 有时候我不喜欢的博主我点过"不感兴趣"，它（算法）还是会推给我，我还是会反复刷到。可能就是我的表现特别符合这个博主的标签，比如说我是年轻人，然后喜欢看类似的博主，我看的视频的标签跟这个视频标签有相似，那它还是会推荐过来，哪怕我点了"不感兴趣"。这个算法可能不知道我是因为不喜欢这个博主，而选择的"不感兴趣"。

这种情况下，小柯只能更经常地点击"不感兴趣"，提供更多明确的显性反馈来驯化算法。

另一种显性反馈是进行主动的搜索行为。佟佟认为，自己的主动搜索会对算法推荐产生影响，因为主动搜索行为代表了一种强烈的表达兴趣的程度："我都主动去打字搜了，就代表我对这些更感兴趣，算法肯定会给我推荐更多我搜的东西。"这样的搜索行为能够迅速对算法推荐产生影响：

> 搜索肯定会有影响，比如我搜杭州美食啊，就过段时间，过半个小时或者一个小时之内我刷到的，里面就会有杭州方面的内容。（吕先生）

相较于隐性反馈，显性反馈对用户来说所需要耗费的时间成本更大，表达的是更加明确的含义，因此算法更容易判断和做出回应，相对应地对算法的"驯化"效果也就越好。

第三节　回应算法："玩算法游戏"

因为在短视频平台上，涉及可见性和注意力的资源——流量是由算法分配的，创作者们为了获得流量必须随时展开与算法的回应、协商和调整。科特将数字影响者追求可见性的行为描述为"玩"一种调节可见性算法构建的游戏。[①]这些与算法制定的规则博弈的过程可以被视作"玩算法游戏"，游戏的目的是获得流量，游戏的过程是用户、算法和平台相互塑造的过程。我关注的是中国的短视频内容创作者在学习由算法表达的规则基础之上，于个体和集体的层面上创造的回应算法的本土实践。

一、"起号"与"养号"

"起号"是内容创作者们进行创作的起点。一般来说，平常的短视频用户只需要完成注册过程就是起了一个号，但是对于内容创作者来说，从"起号"开始"算法游戏"就拉开了帷幕，他们就需要展开与算法的博弈。

赣榆海头的抖音头部主播当属喜哥喜嫂、张哥、杰哥等。一批海头的主播常常会在和我的谈话中流露出对喜哥喜嫂的羡慕。直播带货的惊人利润无时无刻不在刺激着海头的其他人。喜哥喜嫂每晚直播4—6小时，有自己的工厂供应链，有专业化的团队选品、控场、售后。当我问到喜哥喜嫂的成功原因时，张哥告诉我："喜哥喜嫂他们一开始起号的时候就和我们做的内容不一样。我们最开始就是专业做广告，我们是广告之后做的产品，他们是一开始就做渔民的人设，就那种我就是个渔民，我就是个卖海鲜的。"最初起号时账号定位的不同直接影响了之后的创作发展。在起号的阶段，喜哥喜嫂利用视频内容"立人设"，因此之后在直播变现时就需要亲自上阵吸引粉丝买货。喜哥喜嫂的模式更像是品牌专卖店，品牌代言人就

---

① Cotter K. Playing the visibility game: How digital influencers and algorithms negotiate influence on Instagram[J]. *New Media & Society*, 2019, 21(4): 895-913.

是他们自己。而张哥的直播模式更像是小区门口的"便利店模式"，24小时长时间服务，随时都可以买到东西，但客户并不认便利店的招牌。也就是说，喜哥喜嫂"做人设"式的起号决定了之后自己亲自直播带货的模式，而张哥"做广告"式的起号决定了之后雇主播进行"便利店"式直播带货的模式。

起号时账号的不同定位直接影响了算法对账号标签属性的判断，专门进行短视频内容创作的和专门进行直播创作的分属不同的领域，流量的分配也因此不同。在创作者们看来，主要创作为短视频的账号就是视频流量账号，主要创作为直播的账号就是直播流量账号。视频流量账号如果开直播带货不会获得大量的流量；反之，直播流量账号进行视频带货也无法获得流量。账号只能在符合自己属性特征的领域内才能获得流量，而这一切都在起号阶段就已经被限定了。因此，创作者必须依据算法的规则，在起号时就明确账号未来的发展方向。同时，在起号时，创作者们还要规避算法审核的风险，杰哥说："我起号不可能直接拍广告，直接拍广告能起，但是（电商）权重还是非常低的，非常容易被封或者给限流之类的。"

起号看似简单，只需要有一个手机号随时都可以免费起一个新号，但要想获得流量，起号就需要付出大量的成本。如何尽量提高起号的成功可能呢？许多创作者会选择"养号"。"养号"是指同一个用户同时注册和运营许多个短视频账号。"养号"的一般操作是前期先只看不发视频，养成某些账号偏向，例如"爱看母婴类视频的三线城市女性用户""爱看搞笑类视频的农村男青年用户"等等，以便算法可以给账号打上相应的用户标签。几天之后再发视频，同时比较几个号的数据（包括播放量、粉丝数、点赞量、评论数），选出其中数据反馈较好的号长期运营。"养号"在创作者中相当常见，主播们养号的数量从几个到几十个不等，有些机构甚至会同时养几百个号：

　　从一开始做直播起，我就养了三十几个快手号。（李先生）

我以前快手开始的时候养了 6 个账号嘛，后来做了好几百万粉丝。（张哥）

抖音我养了几十个账号，几十万粉丝的好几个。（鹏鹏）

因为我去年做得也并不是很好，然后我就想在我精力有限的情况下，我就会尝试去多养几个号，多一点机会。所以今年就做了十几个。（大超）

"养号"可以被视作一种创作者们应对算法标签化的实践，通过这样的方法，他们认为可以筛选出算法"青睐"的作品。在他们看来，经过"养号"筛选出来的账号也更容易获得流量，快速涨粉。算法的内在运作逻辑过于复杂且变化极快，创作者们几乎不可能把握，而"养号"绕开了对算法内部运作逻辑的把握，直接从结果入手。

但是，"养号"显然也是需要成本的。首先，大量账号需要有不同的手机号进行注册；其次在"养号"过程中，运营账号的时间和人力成本也不少，因此能够成批"养号"的大多是创作团队或者公司。这预示着一种算法驱动平台上新霸权崛起的可能，为了应对隐蔽且不断变化的算法需要付出大量的时间、精力和金钱才能有效应对，而这显然不是个体创作者都能够实现的。

二、"蹭热点"

短视频推荐算法系统一般会将普遍受欢迎度作为推荐所依据的重要数据指标，平台上的"超级流行趋势"（super trend）被称为"热点"，其推荐优先级相较于其他内容更高，也就是说"热点"相较于其他内容会得到更多额外的流量[1]。因此"热点"就成了创作者赢得"算法游戏"的又一关键要素。"蹭热点"是创作者们利用"热点"获得流量而普遍采用的方法。在短视频平台上，"蹭热点"顾名思义就是创作与"热点"相关的视频或直

---

[1] 此内容参考了访谈对象张先生、林先生的访谈，以及短视频平台推荐系统的公开资料。

播，借热点之势获得大量流量。

"热点"可以分为可预见的"热点"和突发性的"热点"。可预见的"热点"包括节日、纪念日、大型赛事活动等，突发性的"热点"泛指那些无法预见的引起广泛关注的事件。专注于手机摄影教学创作的佟佟在日常创作过程中就非常重视"蹭热点"：

> 我们做这行嘛，肯定要蹭热点。所有的节日都是要蹭的，比如说母亲节啦，父亲节啦，儿童节啦这些。第二个呢，就是一些热门的事件，比如说最近发生了一些什么热门事件，就是因为短视频娱乐倾向比较重嘛，比如说跟娱乐圈的去靠边啊。说白了就是抱大腿嘛，比如说最近某个明星拍了一组什么照片还挺好看的，那我就说，"唉，他这个照片怎么拍的我们也可以拍，或者他这个照片怎么修图的"，我来给大家分享分享。……平时要创作的话，我先会去看看这个热门话题，比如说最近有没有热点能够绑定或者能够关联上。

七朔在说起自己的创作心得时也说道：

> 现在什么热度好，咱们就要跟风，跟那个热点走，比如说前段时间这个520啊、521啊给我们好多流量。咱们就可以跟那个话题进行一个吻合是吧？根据这个节日主题来创作。大家都刷这些东西，那你就想一个跟这个有关的东西，然后一发一拍，这样的话不就讲一个蹭热点，蹭点流量嘛。

创作者们的"蹭热点"实践在"拉面哥"事件中体现得淋漓尽致。"拉面哥"程运付是山东省临沂市人，因15年坚持以3元价格卖一碗面，于2021年2月在抖音、快手等短视频平台走红。近乎一夜成名的程运付立刻遭遇了过往39年人生中都没有经历过的流量狂潮。大批的短视频创作者和主播从各地涌向"拉面哥"生活了几十年的小小山村，在他家门前或是直播或是拍视频。程运付突然深陷创作者的狂热追捧之中，出门就被人围堵，一天 24 小时都有人在家门口蹲守，这一切都与他曾经平静得近乎一成不变的生活完全不同。没有了解过短视频算法流量规则的人可能很难理解，为什么这么多人要去拉面哥家门口进行创作。一切的原因就在于"蹭热点"。创作者们不远万里来到程运付家所在的小村庄，就是因为在这里拍上一段"拉面哥"的视频或是直播一场都能收获极大流量。"拉面哥"就是当时短视频平台上的"热点"，"大家都爱看"①，"蹭"上这个"热点"，不论粉丝是来骂还是来夸，都能吸引大量的流量。在当时，"拉面哥"就像是被推上了所有聚光灯瞩目的舞台中央。

在程运付的故事中，"热点"就是创作者们捕捉到的"算法游戏"中取胜的关键。在关于"蹭热点"的媒体报道中，这种算法实践常被描绘成盲目的、短暂的、为了博得眼球而无所不用其极的行为。这样带有明显道德评价偏向的话语忽视了"蹭热点"实际上是创作者为了应对算法逻辑本身而采取的行之有效的方法，其背后的根本原因在于平台算法对"热点"的额外流量分配偏重。

三、"做垂直"

七朔在高中毕业的时候就开始创作短视频，大二之前，他都是随心所欲地在进行创作。他告诉我，"以前玩这个东西就是看心情，开心就发，想到什么就发什么，就是无所谓。所以不考虑什么火啊什么涨粉啊，都不考虑这些。所以那时候就没有'做垂直'这个概念"。直到大二的时候，七朔开始选修新媒体方向的课程，正式成为专业的内容创作者。这个时候，七朔的创作思路就开始转变了：

> 我就发现如果说想快速涨粉，增加热度，然后变现，就要

---

① 此内容源自访谈对象微微。

"做垂直"。然后就开始发一些固定的东西。我现在就很规矩，就不像以前那么随心所欲了，发东西也会经过一些思考，不是随便发了。……现在每次我发一个抖音，前面我都会说一个"真闹挺"，然后后面就吐槽一些这个宿舍舍友啊，然后吐槽一些今天上课呀，吐槽今天在学校发生了什么呀，就是一些学校里面的一些事情，给它进行了一个垂直性的包装啊。每期作品都是这样的一个路数，然后说着不一样的话。

从七朔的创作经历中，可以看到他从业余创作者向专业创作者的转变主要体现在"做垂直"。"做垂直"，即保证发布的内容属于某一垂直领域，是大部分专业创作者都会遵循的创作法则。创作者们认为不做垂直的话，推荐系统就不能准确识别账号所属的领域，从而导致账号标签错误或者不打标签，最终算法分配给这样的账号的流量就少或不精准。"做垂直"可以说是划分专业创作者与业余创作者的一个标准，在珍姐看来，自己和其他当地的短视频普通用户是不同的：

我是想把一个号怎么样把它运营起来，我们一般拍视频的话是一个系列地去拍，不会拍得特别杂。尽量保证一样的。不会是我在这吃个饭我拍，明天我在这里干个啥我拍，不是这样的。我们是有目的性的。比如说我现在做唱歌，就是要"做垂直"，今天想好怎么去拍唱歌，然后明天再去哪里拍唱歌，是这样的。

有些内容发布之后，创作者们会觉得不符合垂直领域的定位，那么这时候他们通常会隐藏这些视频或者单开小号来保证内容的垂直度：

因为我怕我的账号不垂直，我就把两个家庭教育的视频给隐藏了。还有我拍了两个活动视频，后来我觉得也不符合，也给隐藏了。我其实还是要保证英语教育的这个垂直领域。（海姐）

之前我发的内容呢，当中也有爆款，但就是没有涨粉，原因就是不垂直。后来我就把那些不垂直的全部隐藏了。……这样就是为了让我的账号看起来不那么杂。（楚先生）

我有另一个账号叫"xxxx的日常"[1]，是像朋友圈类的东西。那个大号完全是垂直化，小号就是日常生活，是想要分享一下的那种，发一发日常。（苟先生）

尽管短视频平台，如抖音和快手，都强调提倡普通人日常生活的记录和分享，但一旦成为专业的创作者实际上就必须遵循创作"垂直"内容这一算法制定的"游戏规范"。不迎合"算法游戏规范"可能造成无法获得流量的惩罚性威胁，进而导致创作的不可持续。平台对内容的控制权力经由算法表现出来，创作者们大多时候并不能实质上决定自身创作内容的多样性，只能被迫在迎合这种"算法游戏规范"和"退出算法游戏"之中做出抉择。

四、"连爆""拉时长"和"卡直播间"

对于主播来说，直播间的"玩法"显得更加丰富、深入和富于变化。当我第一次加入到张哥和一群海头主播的讨论当中时，应接不暇的"新词"让我觉得既兴奋又充满好奇。在张哥家，一楼的主播们正在直播间里热火朝天地直播，二楼的临时小会也同样热火朝天。张哥和他的几个直播伙伴几乎每天都会有这样的临时讨论：

诶，我刚一刷，陈X姐又卡到直播广场了。（军哥）

她这两天一直卡着。（鹏鹏）

我看还是要拉时长。（军哥）

今年就是挂时长，再不能搞那种频繁的下播上播了。（杰哥）

……先拉直播时长，有没有人你都得做，这个系统都是有记

---

① 苟先生的抖音小号昵称。

录的。（张哥）

……

现在就没有几个玩连爆玩起来的，还是看账号。……刚开始做不是搞连爆。（杰哥）

"卡直播间""拉时长""连爆"，都是短视频平台上主播们应对算法的"套路"。这些词显然并不是官方定义的词汇，而是主播们在"玩算法游戏"中创造的本土性话语，又在主播群体中广泛流传，最终形成共识性的一系列回应算法的方式。

根据主播们的说法，"连爆"是抖音的一种玩法，具体操作是短时间内多次上传同一个或同一垂直领域的短视频作品，通过一条爆款视频累积流量并引导到其他视频作品，同时开着直播把视频流量吸引到直播间变现：

> 我们都是有时间就发一条视频，半小时一条，半小时一条这样，一个作品重复发哦。这是抖音的一个玩法，叫连爆。因为抖音都是机器人计算嘛，这个方法就是抓它的漏洞，这是我们的秘密。……连续发的话就是一条视频引爆的话，就是有以后的这种持续引爆就叫连爆。（张哥）

> 比方说你发一个视频有 500 个基础播放量，当你怼① 10 个的时候，它不就是有 10 个，不就 5000 了？如果每个都有 500，但是这个时候你怼起来的话，比方说这个视频能上热门，一怼起来它一下跑到几千或者几万或者几十万，你这个还要开直播，这就叫连爆。连爆有一个玩法就是你直播间跟视频（要联动），你开直播，视频才会跑流量。（杰哥）

张哥说"连爆"是他们的秘密，但在直播村里，这其实是公开的秘密。不论是在北下朱还是在海头，很多主播都提到过"连爆"的玩法，利用算

———————
① 指连续发布视频。

法的漏洞重复发作品吸引流量的"连爆"方法曾经在直播村里风靡一时。

"拉时长"是指保证一定时长的直播时间。主播圈内流传着一种说法，"只有直播时长拉够才能有流量"，但是"拉时长"到底应该"拉"多长却没有共识性的说法。有的主播认为是每天至少"两小时"，有的主播认为是每天至少"五小时"，一般来说，"拉时长"的推荐时间为2—6小时。"拉时长"的说法在主播圈中流传甚广，朱姐就时常为自己不能"拉够时长"而烦恼：

> 如果有时间呢，我是每天多播一些时间的。其他主播每天要开播2—3次，一次就播三四个小时。我真的没有那么多时间。开播时间长，人才多，上去一个多小时后话还没说多少，就已经关了，人家都不在意你这个直播间。（直播）就是要时间长。

杰哥觉得抖音的算法在快速地发生变化，"去年你可以频繁上播下播，算法会给你重新推荐，而且你要挂直播时长"。但是今年抖音改变算法之后，更强调"有效直播"的概念，即评估一定时间内直播间的数据，以此为依据来分配流量。面对算法对于"直播时长"的要求时，主播们会采用各种方法来应对，例如"语音直播"，录制一段音频循环播放，又或者是"无人直播"，直播间并没有真人主播在直播，又或者是"录屏直播"，直播的内容都是提前录制的，在直播间循环播放。

"卡直播间"指将直播间推上推荐页面，并尽可能地长期保持。将直播间"卡"在推荐页或者是直播广场中，才能提高直播间在平台中的可见性，吸引更多的流量进入直播间。常见的"卡直播间"的方法是"频繁上下播"：

> 当时我们卡直播就是一嗓子，直播间就上5000多人，然后憋单拍，下单完了以后5000多个人就一下跑了。其实这时候能买的（粉丝）都买了，还剩700多人，我们再卖点大虾，卖点其他一些

产品，鸡爪或者牛排，人就掉得差不多了。我们立马下播，再上播，直到卡到直播广场流量为止，然后再憋单，再卖，就这样来回卡。（杰哥）

还可以利用抖音的漏洞，先进行"录屏直播"，播够一定时长之后直接关机（或使用其他方法强制离线），然后再上播，再关机，不断地上线离线会使算法无法判断主播是否下播，因此账号会一直显示直播状态，提高"卡"到直播广场的可能性。同时，还能利用红包、福袋和抽奖等方式拉长观众停留时间，提高直播间数据，从而使得算法将数据高的推荐推上直播广场。

直播中的大量算法实践变化的速度非常快，长期行之有效的算法实践几乎是不存在的，海头镇的主播们每隔半个月左右就需要变换一批算法实践，以应对不断更新的算法。而这种创作者快速应对的算法实践又加速了因数据变化而迭代的算法的变化，算法和人协同构成了永恒不稳定的平台创作环境。

第四节　抵抗算法：拒用、玩弄和联合

正如上一章中描述的那样，算法会在一定程度上操纵和控制用户。对于那些意识到算法操纵的用户来说，他们常常对此怀有隐忧，进而会对算法推荐产生"逆反心理"，尽自己所能抵抗算法可能带来的控制。

路路的抵抗异常决绝，她选择彻底地卸载短视频App。路路在个人生活很忙碌的阶段会暂时性地卸载短视频App："有时候忙起来真的觉得自己没时间刷短视频，我就会把它们都卸载了。……因为一刷起来就停不下来，

没完没了的，它总给你推你喜欢看的嘛。这就很耽误正事，所以我期末考复习啊之类的时候就会把它卸载了。干脆让自己没有机会刷。"

个性化推荐的算法机制让路路很难仅仅依赖个人的意志力就抵抗住诱惑，那么"拒用"推荐系统、彻底阻断算法的可能操纵就显得非常有效了。

为了防止算法对用户信息的抓取，很多用户会选择不注册仅浏览的方式来尽量避免过多个人数据的暴露。只要不影响使用，他们就不注册，而是使用游客身份在平台上浏览内容，"有一种悄悄地来，不留下一丝痕迹的感觉"[①]。抑或是通过设置手机隐私保护和限制软件权限来避免个人信息的泄露。

25 岁的创作者飘飘是一名芭蕾舞老师，在短视频平台上她是分享小裙子的"lo 娘"[②]。飘飘外表甜美，个性鲜明，按她自己的话说就是经常和别人的想法不一样。对于算法，飘飘也有自己的想法，在访谈中她多次表达了对算法的警惕。这种警惕来源于："我觉得算法就是过于讨好了，算法就是在讨好我们这些人，我就是非常不想被讨好。"出于这样的心态，飘飘常常试图混淆算法对自己的判断："推荐页上都是我喜欢的，比如我比较喜欢德云社，然后它就会给我推德云社的一些小片子。我就会故意去点一点别的东西，点些我不喜欢的，比如那种搞笑段子，还有影视剧的解说。然后或者说我就不看，看到自己喜欢的我也直接关掉。我就想打乱一下它的顺序，不想让它知道我喜欢什么。"

飘飘以一己之力抵抗算法的方式是"玩弄"算法，关键是这种抵抗对算法是有效的："这个行为对算法是有效果的，算法只能根据行为数据来判断你的喜好。如果乱点的话，算法确实就不知道你喜欢什么了。"[③]甚至当"玩弄算法"的人群足够大时，算法就会被误导并做出错误判断，也就是算

---

① 此内容源自访谈对象小任。
② "lo 娘"是"Lolita 娘"的简称，特指那些将 Lolita（洛丽塔）服饰融入日常穿搭的女性。这种风格起源于日本，强调精致、华丽和少女感。
③ 此内容源自访谈对象黄先生。

法本身将被颠覆。

飘飘的故事暗示了一种对算法的抵抗可能——由用户结盟生成特定的、大规模的行为数据集来影响算法。推荐系统本身依赖于大量的用户数据输入，不断地对机器进行训练，使其较好地学习算法，因此逻辑上来说用户可以从输入端改变行为数据进而影响算法，只是个体的改变对机器学习模型的影响微乎其微，只有当众多用户集结起来，共同对算法施加影响时，才有可能产生较大的改变。在实践中，其实也有类似的例子，很多短视频传媒公司拥有自己的达人矩阵，在平台上，他们可以通过这些达人矩阵塑造流行趋势。一位MCN机构的工作人员就向我介绍过达人矩阵推动塑造热点趋势的例子：疫情期间全民居家的时候，他们推动了"自制烤面筋"视频的走红。MCN机构常常通过这样人为地制造热点来影响推荐系统的运作。

从上述的故事中，我们看到短视频用户如何采取一系列的算法策略来挑战算法推荐无时无刻、无所不在的控制。这样的抵抗可以以"彻底"拒用的形式得到呈现，也可以以戏谑"玩弄"的形式得到呈现，甚至可以以大型的联合协作来呈现。

本章小结

在本章中，创作者们向我们展示了算法技术进入日常生活的本土化过程。相较于之前一些探索性研究中涉及的个体的、反应式的人们回应算法的行为，中国的短视频创作者呈现了更为丰富、更为复杂、变化更迅速的日常算法实践。基于特定的算法解释和算法社会性知识，创作者们在更广泛的社会层面形成了一系列应对算法的创造性方法和模式。这些方法和模式，或者说被有意识地执行的特定行动策略被定义为算法实践。在不同的

算法知识的指导下，创作者们实施的一些算法实践倾向于对算法的顺从和
迎合（如"做垂直"和"蹭热点"）；一些则倾向于与算法进行博弈和协商
（如"逆向工程""养号""连爆"）；还有一些则完全相反，代表一种定制的
和秘密的抵抗形式（如"驯化""拒用"和"玩弄"算法），其目的甚至在
于颠覆算法。日常生活提供的弹性空间使创作者可以从中生成那些遵循、
修改、抵制和颠覆算法意图的实践，通过这些算法实践他们又可以针对推
荐算法制定不同的权力和阻力模式。平台的策展算法（curatorial algorithm）
从创作者手中夺取了劳动过程中的知识和对劳动过程的控制，但创作者
们的这些回应代表着一种集体努力，试图对其"在他人面前的存在条件"
（conditions of presence-to-others）[1]施加某种控制[2]。

创作者们策略性地实施算法实践的过程提示我们，当人们使用一种算
法时，他们是在"学习、内化算法并与之亲近"[3]；他们的行为方式在参与
过程中被巧妙地重塑，但与此同时，算法本身也取决于它从用户那里接收
到的输入。机器学习的机制决定了用户的数据反馈形成集合后可以对算法
施加有效的影响，算法也会因为暴露于不断增加的数据集而不断发展和变
化。[4]也就是说，人们的算法实践不仅受算法的影响，还能够反过来影响最
初帮助生成这些反应的算法。[5]因此，在实际的情况中，用户在塑造算法方
面也发挥着生成性（generative）作用。[6]用户与算法的协同作用[7]使算法与

[1] Couldry N, Fotopoulou A, Dickens L. Real social analytics: A contribution towards a phenomenology of a digital world[J]. *The British Journal of Sociology*, 2016, 67(1): 118-137.
[2] O'Meara V. Weapons of the chic: Instagram influencer engagement pods as practices of resistance to Instagram platform labor[J]. *Social Media+Society*, 2019, 5(4): 205630511987967.
[3] Galloway A R. *Gaming: Essays on Algorithmic Culture*[M]. Minneapolis: University of Minnesota Press, 2006: 90.
[4] Introna L D. Algorithms, governance, and governmentality: On governing academic writing[J]. *Science, Technology & Human Values*, 2016, 41(1): 17-49.
[5] Bucher T. The algorithmic imaginary: Exploring the ordinary affects of Facebook algorithms[J]. *Information, Communication & Society*, 2017, 20(1): 30-44.
[6] Bucher T. The algorithmic imaginary: Exploring the ordinary affects of Facebook algorithms[J]. *Information, Communication & Society*, 2017, 20(1): 30-44.
[7] Bucher T. Want to be on the top? Algorithmic power and the threat of invisibility on Facebook[J]. *New Media & Society*, 2012, 14(7): 1164-1180.

用户加入反馈回路循环之中；也就是说，算法会对人起作用，而人也会对算法起作用，同时这种相互作用又叠加进入下一轮的人与算法的交互之中，促成二者的迭代更新，进而又形成新的相互作用模式，由此不断循环递进。从这个意义上来说，人与算法之间形成了递归的"力关系"。

中国的短视频创作者发展出的这些算法实践较之以往一些探索性研究中的用户对于算法的回应更具系统性，应用范围更广泛，与之关联的算法理解模型更加复杂。阿比丁曾在针对TikTok影响者的研究中，以算法实践指涉用户在模式化和常规行为中的参与，但她特别指出算法实践被实施的原因是用户相信他们的这些重复行为将触发平台算法以帮助实现他们自身的目的。[1]但在中国短视频创作者的经验中，算法实践并不一定是模式化的和重复的，因为算法和人都处于持续变动之中，许多应对特定算法规则的算法实践甚至是一次性的。本章呈现的也仅仅是人与算法相互作用过程中的一个特定时间节点的截面。在访谈和观察过程中，我也了解到许多过去行之有效的算法实践现在已经完全不奏效了，例如"拉成交密度"[2]、"拉直播时长"等，创作者们必须不断适应新的算法规则，以创造性行为回应算法，从而应对平台中永恒存在的"不可见性"威胁。

---

[1] Abidin C. Mapping Internet celebrity on TikTok: Exploring attention economies and visibility labours[J]. *Cultural Science Journal*, 2021, 12(1): 77-104.
[2] "拉成交密度"是指在直播中快速提升一段时间内的商品销售数量。

第五章

"短视频直播村": 一种被
算法塑造的社会样态

算法生活

短视频平台算法与内容创作者

到目前为止，我重点讨论的是，算法作为一个嵌入日常生活的技术系统，是如何与人相互形塑的。在这一章中，我们将进入一个流量、算法解释与算法实践相互叠加、碰撞的集中化场景——短视频直播村。近年来，一些传统的特色村镇甚至是城市在短视频媒介洪流的裹挟之下，摇身一变成了"快手村""抖音村"或是"快手城""抖音城"[①]。

辽阳市佟二堡镇原先是著名的"中国皮草之都"，但之前连续错失了几次线上电商扩张的浪潮，导致皮草生意客流量和出货量都持续下滑。直到2018年搭上短视频直播带货的"风口"，才一举扭转颓势。现在，佟二堡最大的皮革城——"海宁皮革城"里鲜少有不在短视频平台上卖货的商家了。[②]2020年上半年，全国笼罩在新冠疫情的阴翳之下，佟二堡的直播带货销售额仍然突破了9.5亿元。河南省商丘市民权县北关镇王公庄村原先被称为"画虎村"，全村1300多人里有超过900人从事工笔画虎和相关行业，其中有超过一半的人都在短视频平台上分享自己的作品和创作过程，并通过直播卖画。[③]山东省临沂市作为原先的"商贸物流之都"，也搭上了短视频直播的快车，在短短几年间，临沂市涌现出大大小小数万名主播，其中活跃的主播有数千人，头部主播日销售额可达上亿元。[④]这些地方聚集了大量的短视频创作者，围绕短视频平台推荐算法规则建立起了完整的上下游产业链，作为电商网络的关键节点，它的影响力辐射全国。

---

① 这些称呼参考了《被看见的力量：快手是什么》《直播时代：快手是什么 II》以及相关媒体报道中的表述。

② 中国经济网. 佟二堡迎来了第二春！有人直播卖货半年挣 300 万 [EB/OL]. (2019-08-20)[2021-04-06].https://baijiahao.baidu.com/s?id=1642375092619515748&wfr=spider&for=pc.

③ 林宏贤，杨一凡. 快手村｜300 农民放下锄头拿起画笔开直播：有人年入百万，有人养活全家 [EB/OL]. (2019-08-15)[2021-04-06]. https://knewsmart.com/archives/13360.

④ 快手研究院. 直播时代：快手是什么 II [M]. 北京：中信出版集团，2021：88.

在本章中，我们将这些大多数人口从事短视频直播相关的工作，其日常生活围绕短视频创作和直播的村镇称为"短视频直播村"。本章主要以浙江省义乌市北下朱村和江苏省连云港市赣榆区海头镇作为案例进行讨论，二者都是短视频直播很早兴起、短视频直播产业链很成熟完整的直播村。本章将通过这两个村镇的案例，展现"短视频直播村"这一社会样态的现状，具体讨论前述的那些与算法相关的意识、知识和实践是如何集中呈现的，它们又如何改变了当地的经济格局和日常生活的社会基础，并形成了一种算法参与塑造的社会样态的。

第一节　北下朱村与海头镇

关于"短视频直播村"的田野调查工作大部分是在北下朱村和海头镇完成的，少部分是在山东省临沂市和浙江省杭州市完成的。在本节中，我将概述主要的田野工作地点——浙江省义乌市北下朱村和江苏连云港市海头镇的基本情况、经济结构和社会变迁，然后我将通过与甘肃省舟曲县和定西市的情况对比，说明"直播村"的形成应当置于特定的历史和社会背景中进行讨论。

北下朱位于浙江省义乌市东部，东阳江北岸，占地 0.35 平方千米，全村由四个自然村组成。截至 2019 年底，全村户籍人口 1378 人，共 531 户，村民人均年收入 6 万元以上。[①]

和现在的境况完全不同，半个多世纪前，北下朱村还是个传统的农业村落，人多地少，村民农闲时用自家产的红糖去外地村庄换取鸡毛，回来

---

① 数据来源于北下朱村委会公开资料。

后，将好的鸡毛做成鸡毛掸子拿去卖，不好的就埋进田里当肥料。这就是义乌有名的"鸡毛换糖"。计划经济时代，"鸡毛换糖"还曾被认定为"投机倒把"的行为，是"资本主义尾巴"，即使在这样的政治环境下，北下朱村的"敲糖帮"①还是以这样近乎原始的物品置换方式发展小型商业和商品生产。在计划经济时代政府的明令禁止和市场需求的矛盾的夹缝之中，义乌的季节性零售商业悄然孕育。

到了 20 世纪 80 年代，东南沿海的开放浪潮席卷而来，凭借发达的商贸传统，义乌迅速发展成为中国的小商品生产和批发中心。小商品经济成为义乌的招牌，北下朱也在这一时期成为全国闻名的年画挂历专业村。到了 2010 年，北下朱旁边建成了江北下朱货运市场，背靠货运物流的便利，北下朱开始做库存货批发生意。

到了现在，作为全球最大的小商品集散中心，义乌早已是闻名全球的"世界超市"。通过义乌的小商品订单销量就能预测"美国大选""世界杯"结果的故事屡见不鲜。义乌发达的商品制造和商业贸易基础是北下朱村能成为直播村的一个重要基础。

北下朱村当地的一位创作者小宽向我概述了北下朱近 20 年来的商业变迁过程："北下朱一开始是一个库存村；后面就演变成给摆地摊的供货；后来就是给微商供货，给他们做代发；再后来就专门给快手主播供货；然后直到 2020 年就全面演变成所有的大大小小的供应链，专门给短视频的主播供货。"据 2007 年就来过北下朱的威哥回忆："从江湖地摊到微商团购再到短视频直播，每次风口一变整个北下朱的商铺招牌都跟着换，现在就全部变成了短视频直播的供应链。"

从"地摊库存村"到"微商村"再到"短视频直播村"，可以说北下朱的每次转型都与新的商贸形式紧密相关。

从地方形态上来看，原本的北下朱是传统的江南村落，依地形而建，

---

① 以红糖换鸡毛的人被称为"敲糖帮"。

村中道路曲折，村民的住宅形态不一，散落其间（如图5-1所示）。2010年的旧村改造建设中，北下朱村整村进行了土地平整，分散的村居全部被拆除，规划建成了如今的99栋住宅。新的村庄统一规划，建筑整齐划一。原本依地形蜿蜒盘绕于村庄中的道路被重新规划成十横十纵的道路，从各个方向都可以进入村庄。同时，北下朱距离国际商贸城0.5千米，周边有37省道、商城大道、阳光大道等交通要道，紧邻甬金高速，交通极其便利。现在的北下朱村土地平整、商铺林立、交通便捷，这样的空间再造极大地便利了北下朱的商业发展，为其发展成为国内首屈一指的直播村奠定了基础。

现在，北下朱全村总共99栋楼宇，绝大多数都是四层半加地下室的结构。底层的约1200间店面全部被租售，称为供应链商铺，上层的住宅大多租住着直播行业的相关从业者。每天有超过5000名主播在北下朱直播，有超过20000名短视频直播行业的从业者将数以千万计的商品从这里售往全国各地[①]。北下朱村也因此成为名副其实的"短视频直播村"。

图5-1 北下朱村的历史照片

北下朱往北700多千米，江苏省连云港市赣榆区同样有一个"直播村"。海头镇位于江苏省连云港市赣榆区境内东北部，海州湾西岸是国务

---

① 浙江日报. 义乌北下朱村：1000多个微商品牌 5000多名带货主播[EB/OL]. (2020-04-21)[2021-04-06]. https://baijiahao.baidu.com/s?id=1664538035639463228&wfr=spider&for=pc.

院首批沿海开放镇。根据海头镇 2017 年统计数据，全镇行政区域 79 平方千米，耕地面积 2944 公顷，辖 29 个行政村，246 个村民小组，76950 人。[1] 海头镇的区位交通条件优越，紧邻 204 国道、228 国道、沿海高速公路、连盐铁路。同时，境内还拥有海头港国家中心渔港。

海头镇最突出的特色就是海洋渔业资源十分丰富，境内拥有 11.6 公里长的海岸线，10 米等深浅海域 10 万亩。这里盛产各种海鲜，尤以黄鱼、梭子蟹、东方对虾、紫菜、贝类等海鲜为最。海头镇建有 1 万亩梭子蟹、8000 亩贝类、3000 亩紫菜、2 万亩潮间带贝类及 4 万亩浅海域贝类六大养殖基地，是连云港市著名的"海淡水养殖之乡"，还建有水产育苗场 54 家，工厂化养殖场 15 家，养殖面积 10 万平方米。[2] 得天独厚的自然资源加之不断发展的水产养殖业和加工业，使得海头镇在赣榆区、连云港市甚至江苏省都是首屈一指的海鲜水产特色乡镇。这也是海头能够发展为专卖海鲜生鲜产品的直播村的重要产业基础。

海头还拥有便捷完善的海产品运输物流系统。我初到海头时，发现路上经常驶过很多特殊的货车（如图 5-2 所示），当地人告诉我这种配备有冷藏和充氧设备的货车是专门运输鲜活水产品的"水车"。海头的海产品就是这样通过一辆辆水车运往全国各地。

图5-2　海头镇的"水车"

---

① 资料来源于海头镇政务服务网（http://gyhtz.jszwfw.gov.cn/）。
② 资料来源于海头镇镇政府公开资料。

海前村更是海头镇近年来发展最为迅猛的行政村，全村共有1320户，其中400多户为个体工商户，经营海鲜产品的占一半以上。在短视频直播电商兴起之前，海头的就业大多围绕传统渔业、海鲜经营加工而展开。我在海前村开展田野工作的过程中，当地村民多次告诉我，由于缺乏其他就业机会，当地年轻人以前大多是"子承父业"出海打鱼或是做海鲜零售。2010年8月，为了进一步打响海前海鲜品牌，村里投资4600多万元，建设海产品综合贸易市场，主要经营海产品批发、零售，年销售海产品20多万吨，成为苏北鲁南最大的海产品批发市场。海前成为区域内最大的海鲜集散地，人、货、信息在此频繁流动。

海头的创作者大山告诉我，2016年他在快手上开设账号，开始进行短视频创作和直播。那一年，大山在快手上的直播销售额就达到了300多万元。和以往线下销售相比，惊人的销售额和利润刺激了整个海前村的神经。大山说："从2016年开始，（直播从）整个村，扩展到整个海头镇，（大家）都开始做直播了。"2018年，快手全国短视频播放量前十的乡镇中，海头镇独占鳌头，海头镇主播们拍摄的海鲜相关短视频在快手上的播放量超过165亿次。2018年，全镇电商交易额就超过了3亿元。2020年，抖音直播电商全面爆发，海头镇的主播们再一次嗅到了商机，转战抖音发展。虽没有官方数据统计，但根据田野调查后获得的材料、访谈记录和短视频平台上的店铺数据，2020年海头的电商交易额超过5亿元，超过3000名主播聚集在海头镇进行短视频创作和直播。

北下朱村和海头镇向直播村的变迁看似是水到渠成的过程，但如果通过其他地方的对比分析，我们就能理解北下朱村和海头镇能成为直播村有其特殊的社会基础。接下来，我将通过在甘肃舟曲和定西的田野调查说明，为什么北下朱村和海头镇具有发展成为直播村的可能性。

我在甘肃舟曲的主要调查对象是创作者珍姐，珍姐的家乡并不在舟曲，她是从日喀则嫁到舟曲的藏族姑娘。今年30岁的珍姐面容姣好，高原强烈的紫外线照射下微黑的脸上常常带着明媚的笑，她留着一头及腰的长发，常常梳成高马尾或是编成长辫子。2018 年，珍姐开始在快手上进行短视频创作和直播，现在的珍姐是舟曲当地最有名气的短视频创作者之一。一天，我在珍姐的店里和她一起翻看和整理直播售出的产品快递单（如图 5-3 所示），这些快递单大多发往甘肃省内、西藏、新疆等偏远地区，少数也发往东部地区，单笔快递费基本都在 10 元以上。当我询问珍姐为什么快递费如此昂贵的时候，她向我解释：

> 我们甘肃这边远嘛，从我们这里出去快递就要加钱，我的粉
> 丝有很多是新疆、西藏的，都是偏远地区，快递费就又要加一笔
> 钱。就现在这个价格，还是我和快递公司谈的合作价格。

地处偏远省份，周围又是群山环绕，交通不便，舟曲的快递费因此一直居高不下。而北下朱和海头都位于东部沿海省份，交通极为便捷，有良好的仓储和物流基础，对于短视频直播的发展来说，这些都是重要的优势。

图5-3　珍姐保留的快递单

珍姐的短视频事业发展得越来越好，她需要一位帮手来负责一些协助的工作。这时候，同样是从外地嫁到舟曲的阿玉毛遂自荐，成了珍姐的助手。白天阿玉帮珍姐拍摄短视频或是处理前一天的直播订单、包装、发货、

售后工作，晚上帮珍姐一起直播。阿玉对这份工作挺满意，她说这份工作让她不至于完全陷入只能在家带孩子的窘境，同时还能有时间照顾孩子，更重要的是她很欣赏珍姐，能和珍姐一起搭伴做直播让她觉得生活很充实。在阿玉成为珍姐的助手之前，珍姐其实也招过几个助手，她们都是舟曲本地人。珍姐也非常尽心地向她们传授创作的经验，希望这些女孩也能靠短视频挣钱养家，但她们没有坚持几个月就纷纷放弃了。珍姐告诉我，舟曲当地很多人玩快手，但真正做快手直播的却不多，大家总觉得自己做不起来，尝试创作的人就很少，更不要说坚持下来并且成功的。阿玉则认为，舟曲当地缺少勇于尝试新事物的文化。舟曲政府建立的电子商务公共服务中心的工作人员向我描述过类似故事："我们这几年每年都办短视频比赛，就是鼓励大家拍短视频，拍短视频带我们的话题就可以参加比赛，然后我们根据各种数据评选出前几名，都有现金或者是奖品，但是大家参加的热情就不高，总觉得自己拍的东西没人看。"

同样是在甘肃，渭源的创作者小树也遇到了相似的问题。31岁的小树是渭源当地的公职人员。小树开始创作短视频是因为县里组织了一次对各级各类公职人员的短视频创作培训，希望能够从中发展出当地的短视频网红，以此带动当地的经济。这次参加培训的公职人员共有一百余人，这一百余人都开设了自己的账号进行创作，可一年过去了，一百多人中只剩下小树和另一位创作者思思还在坚持。一次吃午饭的过程中，小树一直在发微信语音消息给一位创作者，后来小树向我解释，这位创作者是他一直发展的一位村民，现在这位村民因为挣不到钱，同时还要遭受其他村民对其"不务正业"行为的指责，不想继续创作短视频和进行直播了，小树想要尽可能地劝她再坚持一段时间。小树有时会有些沮丧地说，当地人宁愿外出打工，也不愿意尝试一下拍拍短视频。

珍姐前几年参加过当地政府组织的赴义乌学习考察的电商培训班，在培训期间，珍姐也去过义乌的几个大型商贸城。那里的景象让珍姐大开眼界，她告诉我："那里的人才是会做生意的呢！我们这边的人看店就是真的坐在那里看店，什么都不会搞！"和舟曲相比，义乌显而易见地拥有更为浓厚的商业氛围和成熟的贸易集群。

舟曲和渭源的当地政府都在大力地倡导通过发展短视频行业来带动当地经济。舟曲政府除了通过建立电子商务公共服务中心为当地的创作者提供支持以外，还在建设农村电商的物流体系和供应链管理体系，乡、镇、村也都在发展电商服务站点。但不得不承认，这些举措都收效甚微。在舟曲，我甚至看到国家电子商务进农村项目的专用物流货车因为没有办法依靠电子商务的物流配送费生存而靠帮超市运货挣钱。

甘肃各级政府对于短视频一类的新媒体经济不可谓不重视，但根源在于政策的制定和实施都脱离了创作者真正的需求。电子商务公共服务中心给珍姐配备了一台单反相机，用以提升其短视频创作的质量，但是在我来之前，珍姐和阿玉都不知道如何使用它，只能长期闲置。在我的简单指导下，珍姐很快就能掌握相机的操作，当天下午她就带着相机去外拍短视频了。珍姐在学习相机操作方法时说："中心只管花钱发这些高端相机，也不派个人来教教我们，要是有人来教，用起来也不难，要不就一直放在那浪费。"

相较之下，北下朱和海头有着长期以来形成的浓厚的商业氛围和较为开放的社会文化，这些都成为当地居民迅速地调整和适应新媒介带来的新的商业模式的基础。从甘肃的案例来看，政府主导的短视频经济模式的成效并不高，反而是北下朱和海头这样的由政府牵头建设和发展基础产业，依靠对金钱的共同追求将同一经济框架内的不同个体联系和汇聚起来的模式发展成了"直播村"。

第二节 "直播村"的产业链

2007 年就来过北下朱的主播威哥这样描述现在的北下朱："整个北下朱这个村子的人的工作都是围绕着直播行业或者说短视频行业，不管他们平时的工作啊还是生活啊，就都是围着直播转嘛！"不只是北下朱，"围着直播转"恰如其分地概括了当下短视频直播村的社会运作机制，短视频媒介之中的算法也成为型构新社会样态的关键要素。

回顾北下朱村和海头镇前后的巨大变化之后，我们要进一步追问：这些改变是在哪些具体层面发生的？本节首先聚焦于经济格局和商业活动的新状况。不论是北下朱还是海头镇抑或是山东临沂，"直播村""直播镇"甚至"直播城"都已形成了一套完整的专业化程度很高的短视频直播电商产业链。

初来乍到的北下朱新人主播缺乏对直播行业的整体认识，也缺乏直播卖货的实用性技巧和口播经验，因此直播村的新人主播们常常急需一个进入直播行业的引路人。北下朱有大量的直播培训机构和直播基地充当"引路人"的角色（如图 5-4 所示）。直播培训机构提供一系列的课程，包括账号 IP 孵化、拍摄剪辑技术、直播技巧、平台规则、挑选货源等等。直播培训机构一般收取 3000—5000 元不等的学费。另一些直播基地则采取另一种方式，免费培训主播，提供直播场地、直播设备和货源，主播通过直播售出产品赚取底薪和抽成，直播基地赚取剩余的利润。主播相当于直播基地雇用的直播"售货员"。但后一种方式在现在的北下朱并不流行，因为"留不住人"。新人主播们在直播基地能够迅速成长起来，学成之后就自己"单干"。在北下朱，直播的门槛非常低，供应链一条龙服务，直播设备随处可以买到，"自己租一个两室一厅当工作室，一部手机，就能直播，不需要租店面，也不需要去仓库"[1]。

---

[1] 此内容源自访谈对象威哥。

图5-4　海头镇的某直播基地

　　在北下朱做服装生意的肖先生说："我觉得对于很多新人（主播）来讲，北下朱是一个很不错的地方：一是他可以在这里获取最新的直播行业知识，完成知识积累；二是这里的供应链很方便，东西挺全的，还可以'一键铺货''一键代发'。"肖先生所说的"供应链"就是主播们的供货商，他们从工厂批货，在北下朱的商铺中售卖样品。主播在直播间卖出了产品之后，直接报单给供应链商家，商家就帮他们将产品"一键代发"给买了货的短视频用户。在这样的销售过程中，主播不需要"压货"（囤积商品），同时又省去了发货的烦琐工作。北下朱的新人主播大多采用这种销售模式，通过"挂精选联盟""挂好物联盟"的方式售卖商品。北下朱的主播们在"精选联盟"中挑选、推广和售卖商品，依照"出货量"按件抽取佣金，其他环节都由供应链商家完成。

　　除了直播基地和供应链，北下朱还有一系列的直播衍生配套产业。威哥平时在北下朱的大街小巷"拍段子"、开直播，但是他的主要收入还是依靠售卖"网红手册"和微信群。"网红手册"其实是一本售价100元的网红通讯录，里面记录了2万个网红的基本信息和联系方式。微信群则是指北下朱大大小小的电商群、主播群、供应链群。威哥的微信里有几百个这样的群，他通过拉人入群来收取费用。威哥形容这笔生意是"信息中介"或者"交友平台"，"将自己的人脉资源通过线上线下结合的方式变现"。在北下朱，做这样的"信息中介"的人不在少数，同样做着卖群生意的世伟常在他所在的各种北下朱微信群中发送卖群广告，一个群售价两元。他告诉我："这个钱花得非常值！花一百块钱买 50 个群，一个群 500 个人，你就认识了两万多个人。"除了卖群、卖网红手册，北下朱还有人直接卖短视频账号、"卖流量"、"卖粉丝"、帮做企业认证服务等等。他们将北下朱的主播比作 20 世纪的美国淘金客，将自己比作卖淘金工具的人。

北下朱还有极具竞争优势的货运物流体系，可支撑整个短视频直播行业的快速发展。江北下朱货运市场距离北下朱村不到 100 米，从这里每天都有开往全国的货运汽车。可以说，义乌就是全国货运物流的前沿阵地。北下朱的快递网点老板告诉我："一次发 3000—5000 单、均重 100 克以下的商家，圆通 1.2 元可发全国，发到偏远省份只要 1.5 元。发申通 1.35 元，发百世 1.3 元。"更为夸张的是，极兔能做到 1 元以下一单。[①]同样在海头镇，生鲜品类的直播非常依赖快速高效又价格低廉的冷链物流。我刚到赣榆的时候，出租车司机就向我介绍："你看路上跑的这种大货车都是水车，专门用来充氧运输海鲜的，别的地方没有我们海头这么多。"

在海头，除了直播间和供应链，最多的就是快递网点。海头的生鲜产品一般快递费用是"7+2"元（即首重 7 元，续重每公斤 2 元），顺丰快递费用为"9+2"元（即首重 9 元，续重每公斤 2 元）。而同样以海鲜产品闻名的福建霞浦，顺丰的快递费用是"17+2"元。直播村稳定大规模的出货量使得当地快递物流业迅速发展，多家物流公司竞争的局面也使快递的时效越来越快，价格越来越低，二者相互促进。直播村的物流行业欣欣向荣，

---

① 李小白. 义乌快递再次击穿 1 元！这次搅局者是拼多多和极兔[EB/OL]. (2021-04-05)[2021-04-06]. https://mp.weixin.qq.com/s/KErMGL9nAnxCtgM-6X64EQ.

背后又有一整套的包装服务产业。在海头有专门经营打包设备、保冷包装的企业。基本上做直播行业的每一家都需要雇用一些打包人员。按照账号体量大小，打包人员从 2 个至几十个不等。这些打包人员通常是农村的闲置劳动力，许多妇女、休渔期的渔民、中老年人都是打包的主力军。一位打包工人告诉我，打包这个工作挺不错的，日结，按小时计算工资，"夏天的时候一小时 20 元，冬天旺季一小时能拿 30 元"。

直播村里，主播、供应链、直播培训机构、信息中介、快递物流、直播配套服务产业形成一整套完整的直播产业链。他们之间关系错综，相互依赖，上下游之间需要紧密配合，共同建构直播村的商业网络。短视频直播产业链直接带动了整个村镇的经济，无论做不做直播，直播村中几乎所有人都被卷入这场声势浩大的地方经济结构转型之中。

第三节　算法重塑的社会生活

就像 Lin 等人对淘宝村的研究发现的那样，在直播村中，与算法有关的活动同样模糊了生活和工作的界限，成为人们日常生活的重要组成部分[①]。本节将通过对主播社群和直播村社区氛围的讨论描绘这些流量规则、算法解释和基于前者的基础上制定和施用的算法实践如何重塑了人们日常的社会生活[②]。

一、主播社群

6 月的江苏北部沿海，赣榆海头镇已经是一片酷暑的景象，上午 10 点

---

① Lin G, Xie X, Lü Z. Taobao practices, everyday life and emerging hybrid rurality in contemporary China[J]. *Journal of Rural Studies*, 2016, 47: 514-523.

② Gottdiener M. *The Social Production of Urban Space*[M]. Austin: University of Texas Press, 2010.

气温就接近了 37 摄氏度。海鲜产业园的早市已经收工，市场附近都是零散的工人在打包海鲜，准备装车发货。靠近海鲜产业园是当地村民的住宅，这些住宅是村民的自建房或是村集体所有的大队建房卖给个人的。住宅大多为三至四层，海前村的村民大多就是在这样的自家住宅中进行直播、包装和发货的。我遇到张哥时就是在 6 月的一个酷热的早晨，张哥和他的伙伴刚从海鲜加工厂回来，正在自家门口聊天，他的身后就是正在直播的主播、回复消息的客服和打包着产品的工人。在这样的场景里，张哥的身份不言自明。张哥年纪不大，1994 年生人，但是"玩"短视频的时间却不短了。从快手到抖音，张哥见证了整个海头短视频直播电商的发展全过程，当然他也参与其中。他是我在海前村主要的田野对象。

张哥为人豪爽，他常常挂在嘴边的一句话就是："我们这边离山东近，所以我们这边人也都是很爽快好客的。"刚认识张哥时，我以为他和同为创作者的伙伴只是碰巧遇到后聚在一起，但不一会张哥就呼朋引伴，为我引荐了一群和他一样做直播的朋友。张哥和这些伙伴几乎天天都聚在一起，他们常常从早上四五点去工厂开始就待在一起，直到深夜才回家，他们一起去工厂看主播直播、选品，讨论创作中的问题，也一起打球看比赛、吃饭喝酒侃大山。张哥的伙伴里，有 3 个人和他关系最紧密，分别是杰哥、鹏鹏和军哥。他们都是同龄人，今年都是 27 岁。张哥和杰哥曾经是小学同学，从小就熟识，现在两人甚至是"共享主播"（张哥雇用的 3 个主播同时在 3 个账号上直播，其中 1 个是杰哥的账号）。鹏鹏不是海前村本地人，七八年前搬来海头，张哥和鹏鹏还有军哥则是因为短视频熟络起来的："这地方很小，大家都是做视频的，经常也能刷到对方，谁干得比较好吧，你就会去关注他。然后经常在船上买货的时候就会遇到，一来二去就认识了。"

在直播村里，这样的主播社群非常常见，表面上看起来这个社群的组建是因为相似的目标和需求，彼此"合得来"，但其实经过一段时间的观察后，就会发现背后暗藏一种主播层级和竞争关系的协商博弈。鹏鹏原先并不在张哥的这个小团体中，他的朋友是海头当地最头部的一群主播，后来鹏鹏的流量渐渐没有以前那么好了，在原先的团体中备受打击，最终就退出了。大部分的主播社群成员之间的账号层级和流量不会相差太多，因为不同体量的账号拥有者面对的问题是完全不同的，只有在相似层级的创作者中相互的促进才可能发挥作用。在张哥的小团体中，除了张哥和杰哥是一起直播的所以销售的商品基本相同之外，其他两个人主要销售的商品都不同，鹏鹏主要销售的是多宝鱼，军哥主要销售的是海苔。正是因为4个人之间的利益并不冲突，所以才有可能结成紧密的社群。

张哥的四人小团体关系非常紧密，一天中的大部分时间4个人都待在一起。长时间的相处使得他们有非常多分享与短视频和直播相关的消息并进行讨论的机会。这些讨论随时随地就会开启，例如一天早晨，在去工厂的路上，张哥和杰哥就开始分享最近观察到的工厂直播新情况：

> 最近工厂直播那个女的，是喜嫂的干妹妹，一个村的。憋单厉害哦！一早上就看她在那下播上播卡直播间。（杰哥）
>
> 哪个女的，身上挂牌子的那个？（张哥）
>
> 对啊，就那个。今天看看在不在。（杰哥）
>
> 哦，那个我知道，和喜嫂一样的哈哈哈哈哈，都会憋得很嘛。（张哥）
>
> 咱得让婷婷（雇用的主播之一）多看看人家的，多学学。婷婷最近不稳嘛。（杰哥）
>
> 有人她就来劲，没人就不说话了。还是大伟（雇用的主播之一）稳一点。（张哥）

一天下午站在张哥家门口，四人小团体又开始了一场讨论：

> 这两天流量又不行了。（张哥）

我的也不行。(鹏鹏)

我看我姐昨晚又爆单了。(张哥)

你姐昨晚卖得好啊。(鹏鹏)

我看下午工厂没货了，回来播就效果不好。(张哥)

咱们要不也弄那个，后边用个电视滚动放工厂的画面背景，就像大主播直播间那种LED屏一样。搞一个。(杰哥)

这个可以试试！（ 张哥)

我看人家还有抠图的背景是不是？那个可不可以搞？（ 鹏鹏)

像这样的讨论一天可能会出现几十次，很多关于创作和直播的改进方案就在这样一次次的讨论中产生了。在这样的讨论中，大家沟通和共享信息，集思广益又互相辩论驳斥。有时候，团体的成员又会引荐其他人加入讨论，例如一天下午，张哥就带来了一位刚开始做直播的朋友一起参加讨论，让小团体的其他成员帮这位新手解决一些现阶段的难题。最终，小团体的成员认为，张哥朋友的账号现在被算法打上了"视频流量"的标签，因此直播变现的效果很差。想要改变就必须拉直播时长，尽快让算法给账号打上"直播流量"的标签。

这种日常的、随意的、临时组成的、可以拆解和重新组合的讨论是直播村中集体生产算法知识和应对算法的方式的源泉。讨论是必需的，它在直播村中发挥着巨大的作用：

我们都是干这一块，肯定在行业上要交流，这是一定的。（ 鹏鹏)

我们有很多想法都是这样聊出来的，我们聚在一起就是有这个效果，不讨论就不行，就是要交流。交流才有新想法，然后我们就去试，都是这样。(张哥)

在北下朱，创作者们也会经常有这样的讨论，就如创作者阿成所说的那样："我们这边经常就是要喝茶，大家一块喝茶聊聊天，消息很快就传开了。北下朱的消息传得就可快了。……喝茶一般就聊货的信息啊，爆款的消息啊，平台最近的变化啊，比如说有什么新规则，流量好不好啊这些。"

来自河南的主播小米常常站在北下朱的路边和其他的主播们交流关于直播技巧和货源的信息，"如果谈得来，我们就看看有没有合作的可能"。

这些因为共同的需求而汇聚到一起的人组成主播社群，延伸到线上，在北下朱的各种微信群中，有人分享创作心得、讨论直播技巧，有人分享创业攻略、货源信息、求购产品、出售产品，还有人求组队合作进行直播（如图5-5、图5-6和图5-7所示）。由于算法和流量分配规则的不断变化，微信群已经成为直播行业从业者进行信息共享和流通的重要空间。[1]它也是建立实践社区的关键空间[2]，因为在微信群允许他们交换各自的算法解释、建构算法的社会性知识以及生成协作式的算法策略和实践。

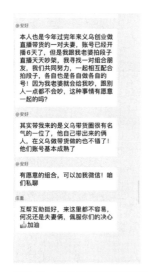  

图5-5　北下朱的微信群聊　　图5-6　北下朱的微信群聊　　图5-7　北下朱的微信群聊

① Sun P. Your order, their labor: An exploration of algorithms and laboring on food delivery platforms in China[J]. *Chinese Journal of Communication*, 2019, 12(3): 308-323.
② Wenger E. *Communities of Practice: Learning, Meaning, and Identity*[M]. Cambridge: Cambridge University Press, 1999.

二、社区氛围

在海前，每天清早，菜市场里来买菜的老人们"唠嗑"的话题都是"谁家爆单了""谁家昨晚卖了多少"，与直播有关的消息不出一早上就能传遍整个村子。连老人们都对村里的主播了如指掌，"谁家的账号是哪个""谁家卖什么货""谁家最近流量好"都瞒不过他们。平常走在海前的街头，看到几个人聚在一块聊天，那多半就是主播们又在讨论最近新的直播玩法，或者新的短视频拍摄地点了。

因在短视频平台上"玩转"算法而带来的商机已经渗透了直播村人们日常生活的方方面面，形成了直播村独具特色的社区氛围。就像在河北廊坊专做时尚领域的主播岳姐在谈及为何来北下朱时所说的，"这边比河北更有氛围"。

在直播村里，直播和"拍段子"是日常的一种生活和维持社会关系的方式。北下朱大大小小的供应链商铺不仅是主播们挑选样品的地方，更是主播们的天然表演舞台。当主播大超说起他初到北下朱时，感触最深的就是"在别的地方，人家在外面拍个照片、拍个视频都很扭捏的，在北下朱随便一个人都可能走到大街上拿个手机支架开直播或者拍视频。对着手机开始讲，特别自然"。不仅北下朱的主播们可以随时随地拍段子、直播，其他人也很配合，阿坤说，"你到其他地方让过路的人给你拍个视频，很多人是不愿意的。但是在北下朱，基本上没有人会拒绝你"。

每天都有或搞笑、或卖惨、或煽动的"段子"在北下朱街头上演，短视频和直播中的演员不仅有主播，还有供应链老板甚至路人。供应链老板常常被分配到反派的角色，路人有时也会被拉来当群众演员。威哥的短视频中，最常出现的场景就是路人争相在他身后举着牌子，喊统一的口号。据他所说，他要打响的就是"来了北下朱没给我举牌子就算白来"的口号。这些在他身后举牌的人有些也是短视频创作者，想要来"蹭个流量"；有些就是路人，觉得"给网红举牌挺新鲜的就来了"。

北下朱的人员流动频繁，每天都有想要成为主播的人涌入北下朱，每天也都有失败了的主播离开北下朱。来北下朱一年多的主播大超告诉我："大部分人来就是坚持个三五个月，坚持不下去就走了，铩羽而归。来北下朱的主播是一茬又一茬。"在快速流动的直播村里，来到这里的人们依赖共同的追求维系社区关系。正是因为从各种渠道了解到北下朱一夜暴富的"神话"，这些主播选择背井离乡来到这里。在异乡的生活很多时候会让主播们产生漂泊无依的孤独感，就像大超说的那样，"去年我一个人来到这，没有亲人也没有朋友，就是想在这做直播出人头地"。但因为需要应对算法的快速变化，所以创作者们必须扩展自己的交际圈，以保证尽快地掌握最新的关于算法的信息。创作者需要依靠直播村中的社会网络来获得共享的算法知识。就像在主播嘟可的直播间，许多同为北下朱主播的粉丝会给做主播一星期的嘟可传授口播技巧和拍短视频的经验。

与北下朱快速流动的主播不同，海头镇的主播们大多是当地人。张哥告诉我，海头的外地人不多，主播也基本都是本地人。海头本地人是如何走上短视频创作和直播道路的呢？ 2015 年就在快手上进行创作的大山的故事可以给我们一些解答。大山出生在 20 世纪 80 年代初的海前村，祖祖辈辈都是靠海吃饭的渔民。大山家中有兄妹四人，父亲早亡，让本来就不富裕的家庭更加贫困。因为家境困难，所以大山很早就辍学了，和哥哥到深圳打工了一段时间。2013 年，大山回到了海前村，重拾海前村祖祖辈辈的打鱼行当，到变幻莫测的大海里讨生活去了：

> 出海的生活真的很苦，那时候都没有钱。我们这边的话是这样说的：世上有三苦，跑船打铁磨豆腐。就不说辛苦不辛苦，还是有很大的风险。但是跑船的话一个月能有两三万，那个时候这工资还是很高的。

艰苦的工作环境、繁重的工作任务、极度枯燥的海上生活，这就是海

171

头年轻人成为渔民之后的真实生活。杰哥说："当渔民真的太苦了，谁想当渔民啊！"于是，当短视频席卷而来时，一旦有一个海头人成功了，其他吃苦耐劳的海头人就果断地放弃了传统的出海打鱼的选择，争相成为主播。

张哥觉得海前之所以能形成现在"直播村"的规模，社区氛围发挥着至关重要的作用：

> 我们这里能做起来就是说会带动，就是像在学校一样，比如说一个人学习好，其他人也想要拼命读，想要努力超越他的这种精神。我们这边互相就是说谁干得好，然后呢心里也不服，也要自己去干，然后就家家户户都开始干了。当然也有好多干成功的，有好多干失败的了。……环境很重要，环境推着我们往前走。

总之，时刻变动的算法意味着在平台化条件下工作的创作者们必须应对这种永恒的不稳定状态，这使得他们必须依赖彼此。不论是共享算法的知识、互换商品信息、协作式创作，本质上都是创作者的互助形式。这些互助确实建立了对抗不稳定性所需的社会纽带，形塑了一种直播村特有的社区氛围。从这个意义上说，直播村中的人们确实构成了一个重要的支持网络。不同于传统的基于血缘或地缘关系的社区支持网络，这个新型的支持网络的基础建立在共同的目标和对手之上，其中既有集体协作的部分，也有竞争性个人主义的部分。

第四节 "爆款"的故事

在直播村的田野调查和访谈过程中，我最常看到和听到的其中一个词就是"爆款"。"爆款"是指那些短时间内销售量远超生产量，供不应求并且持续量产依然无法满足需求的商品。在直播村里，人们对于"爆款"的追求是近乎狂热的。几乎所有的供应链商家都会在招牌上带上"爆款"两个字；北下朱处处流传着某主播一夜爆了 10 万单、20 万单甚至上百万单的故事；定位在北下朱的短视频里常见供应链商家在打包"爆款"产品，快递盒在店铺门前的人行道上堆积如山。直播村内人人都向往拥有"爆款"。在供应链商家阿坤看来，"北下朱的优势所在就是有强大的开发爆款、跟风爆款的能力和快速传播的爆款信息"。"爆款"使得这些看似普通的商品在北下朱的小商品海洋中脱颖而出。

这些商品是如何成为"爆款"的呢？可以拿最近在北下朱"爆"了 50 万单的剪刀做例子。一家工厂生产了一款多功能剪刀，刚开始只有少数供应链和主播售卖。但一旦有一位直播村的主播"爆单"了，原来工厂的生产速度就跟不上"48 小时内发货"的直播间发货速度保证了，因此主播就需要找供应链商家"调货"，"爆款"的消息经由供应链商家一传开，北下朱周边的工厂就纷纷开动了。48 小时内，从开模到流水线生产，再到批货、发货，一气呵成。2014 年开始就玩快手的主播李晓明称这样的情况是"直播村特色"，"义乌的工厂一动起来，整个中国的（需求）就够了"。直播村周边的工厂流水线一动起来，大量的剪刀就成批生产出来，这时厂家又会和供应链联手主推这个产品。同时，因为直播村内快速的信息流动，主播们一听到"爆单"的消息就会立刻找供应链进货。就这样，"这个款不爆也给它推爆了"[1]，产品价格也随之越压越低。多功能剪刀刚开始只是卖出去一两万单，一周之后，从北下朱的直播间里就已经卖出了 50 万把剪刀。

在海头，"爆款"的神奇魔力也在延续。在杰哥看来，"爆款"是短视频直播的核心，"直播人货场最终拼的就是这个货"。在海头海鲜品种众多，但是"爆款"却只有几种，例如"龙虾尾""海水大虾""牛排""海苔"。主播们"只有卖爆品才能火，走偏门就不行"，"爆款"销售额占据了海头

---

① 此内容源自访谈对象李先生。

镇总电商销售额的 70%。张哥的直播间里长年只售卖龙虾尾一种商品，他告诉我，不是不想卖其他的产品，而是算法的设定使他的直播间只有卖龙虾尾才有销量，其他货品都卖不起来。

但在，"爆款"的出现对主播们来说也不一定是件好事。按照当前流量分配机制，一个货品突然"爆"了就意味着算法极有可能在短时间内分配超出常规的大量流量，这又叠加了销售量的不确定性和生产供应链的不稳定性。工厂和主播们既期待"爆单"带来的巨大销售量又担忧"爆单"之后的隐患。因此，李先生就表示他"并不羡慕凭借一夜'爆单'致富的大主播"，在他看来，即使突然卖出了很多货物，如果短时间内无法筹集到大量的货款，也会让他的直播事业崩盘。

通过"爆款"的例子，我们可以窥见算法是如何成为电商网络的关键协调者的。商品的生产和消费的两端实际上都不是对哪款产品能"爆"拥有决定权的人，能成为"爆款"的商品背后都藏着那些精通算法逻辑的"幕后推手"。北下朱和海头镇的主播们都宣称"爆款"原先也只是普通商品，能"爆"并不是因为这个货品本身的特质，更多是因为有个人或者团队依照算法分配流量的逻辑在"炒"这些爆款。也就是说，实际上只有掌握了算法分配流量的具体机制，"爆款"才能被制造出来。

本章小结

正如张鹂在对"浙江村"这样的流动人口社区的考察中得出的结论那样，所有根本的社会转型都与社会空间的重组关系密切，通过这些重组，新的社会关系才成为可能。[①]北下朱和海头的改变显示出，之前的空间结构依然不能满足新的经济和社会生活的需要，与算法紧密相关的经济模式和社会生活需要一种新的社会空间，因此急需对原有的社会空间进行改造和重塑。直播村是在这个背景下应运而生的。

对北下朱村和海头镇的经济和社会转型过程暗示，短视频直播村代表着一种正在浮现的与社会性层面的算法紧密相关的新社会样态。与算法相关的解释、知识和实践与北下朱村和海头镇从农村社会向物质性和象征性层面的直播村社会样态的转型相互形塑。

算法在短视频直播村中是弥漫的、隐性的[②]，却又是直播村中人们必须处理的"技术无意识"，即强大而不可知的信息技术的运作"产生"日常生活[③]。首先，算法位于经济运作的底层，其逻辑牵涉直播村中几乎所有人的经济收益。在算法知识和相关算法实践的基础上，人们才能形成一条围绕短视频直播，也是围绕推荐算法机制的完整的直播产业链。其次，尽管事实上在社会生活的表层，算法基本上是不可见的，这种技术无意识隐匿于每个人日常熟悉的交往和行动之中，但是我们看到直播村中的主播社群是如何在这种弥漫算法的环境中组织起来的，又是如何发挥作用的，直播村独特的社区氛围是如何形成的，其中包纳了算法如何调节人际关系和如何重构社区的关键性问题。直播村中被算法重塑的社会生活本质上是创作者们对永恒的不稳定工作条件的互助式应对的体现。爆款的故事提示我们，直播村这样的新社会样态还是可拓展的。生产和消费分隔两端，但通过算法的中介调节，直播村的此处和遥远的彼处相连，同步搏动，一同被纳入电商网络之中。

在当下的中国，直播村还只是一些地区的个案，但见微知著，从北下朱和海头镇的转型过程中，我们能够窥见更高层次社会变迁的缩影。以算

---

① 张鹏.城市里的陌生人[M].袁长庚，译.南京：江苏人民出版社，2013：214.
② 亚卡托.数据时代[M].何道宽，译.北京：中国大百科全书出版社，2021：12.
③ Thrift N. *Knowing Capitalism*[M]. London: Sage, 2005.

法为代表的新技术带来的变革可能正在颠覆以往的空间形式、经济结构和社会生活。新的变化还在发生，由于北下朱租金高涨，因此创作者们和供应商们向周边的青口、青岩刘迁移，直播村在这些新地点扎根并继续生长。

第六章

算法生活：关键条件、
特征与可能

算法生活

短视频平台算法与内容创作者

  Wired（《连线》）杂志的一位作者说："算法无处不在，它们主宰着我们的生活。……我们可能不知道确切的时间、方式或原因，但实际上我们每天都生活在算法中。"[1]算法像是巨大榕树生出的不计其数的气生根，它们无孔不入地盘绕着我们，延伸进我们的生活。

  在这样的背景下，人们更加希望了解算法是如何影响社会和日常生活[2]，如何体验所谓的"算法文化"的[3]。但当我们试图对算法展开研究的时候，我们面对的问题即在于充分理解研究对象的潜在困难。[4]首先，算法系统不是独立的小盒子，而是巨大的网络系统，就像是"数百只手伸进其中，调整和优化，交换部件，并试验新的算法"[5]。面对如此复杂的推荐系统叠加算法的随机性，普通用户根本不能掌握算法处理或涉及的动态特征。其次，出于商业竞争、技术垄断等多种显而易见的原因，大部分的算法都是在不接受公开审查的环境中创建的，例如公司或国家机构内部，而且很难通过谈判进入编码团队，观察他们的工作、采访技术人员或分析他们生成的源代码[6]。这样的算法不透明性问题在整个研究过程中屡见不鲜。因此，算法的内部相对而言是不可知的（只有通过输入和输出之间的关系才可知），其技术不透明性和较差的可解释性使其深藏于弗兰克·帕斯奎尔（Frank

① Turk V. What happened when I let algorithms run my life for a week[EB/OL]. Wired, (2019-05-30) [2021-11-07].https://www.wired.co.uk/article/algorithm-decision-making.
② Willson M. Algorithms (and the) everyday[J]. *Information, Communication & Society*, 2017, 20(1): 137-150.
③ Striphas T. Algorithmic culture[J]. *European Journal of Cultural Studies*, 2015, 18(4-5): 395-412.
④ Beer D. The social power of algorithms[J]. *Information, Communication & Society*, 2017,20:1,1-13.
⑤ Seaver N. Knowing algorithms[M]//*DigitalSTS: A Field Guide for Science & Technology Studies*. Princeton: Princeton University Press, 2019: 412-422.
⑥ Kitchin R. Thinking critically about and researching algorithms[J]. *Information, Communication & Society*, 2017, 20(1): 14-29.

Pasquale）所说的"黑箱"之中。[①]

算法隐匿于"黑箱"之中，令社会科学领域的研究者一筹莫展，但本研究中所呈现的短视频创作者们却展现了对算法的惊人理解力、想象力和行动能力。很多短视频内容创作者文化水平并不高，甚至他们中的一部分人根本没听过"算法"这样的抽象名词，但这并不妨碍对于算法的深刻理解和创造性应对策略集中从这些群体中生发出来，因为这些理解和反应都植根于他们与算法进行复杂交互的活生生的经验。本研究沿用算法现象学[②]的方法，绕过不透明的算法内部，不仅从技术层面来理解算法，还通过经验参与的算法外部来理解算法，考察遭遇它们的个体的生活和它们嵌入到更广泛层面社会的方式[③]。也就是说，算法的力量不仅涉及与代码有关的抽象计算过程和技术性问题[④]，还涉及关于算法的想法、这些想法在社会世界中传播的方式及其产生的影响和后果。本书通过聚焦于短视频创作者与算法的互动经验，试图重新审视人与算法之间的关系问题，也是重新理解人与技术的复杂互动中的能动性和力量的问题[⑤]。

第一节　算法互动的两条逻辑线索

前面几章将算法置于社会和文化系统中，系统性地呈现和讨论了短视

① Pasquale F. *The Black Box Society: The Secret Algorithms That Control Money and Information*[M]. Cambridge, MA: Harvard University Press, 2015.

② Seaver N. Algorithms as culture: Some tactics for the ethnography of algorithmic systems[J]. *Big Data & Society*, 2017, 4(2): 1-12.

③ Bucher T. *If... then: Algorithmic Power and Politics*[M]. New York: Oxford University Press, 2018; Kitchin R. Thinking critically about and researching algorithms[J]. *Information, Communication & Society*, 2017, 20(1): 14-29.

④ Bucher T. The algorithmic imaginary: Exploring the ordinary affects of Facebook algorithms[J]. *Information, Communication & Society*, 2017, 20(1): 30-44.

⑤ Lupton D. *Digital Sociology*[M]. London: Routledge, 2014.

频平台中创作者们与算法复杂互动的过程。其中有两条隐含的逻辑线索：一是从感知到实践，二是从个体到普遍。从感知到实践的逻辑线索按照与算法互动程度的加深逐步向纵深方向发展（对数据的感知—发展为算法解释—建构算法的社会性知识—制定和实施算法实践）。从个体到普遍的逻辑线索则指向这种复杂互动的生成和自然地横向扩张的过程（个体的算法意识与算法解释——集体的算法的社会性知识——更广泛社会层面的算法实践——短视频直播村的集中呈现）。

两条逻辑线索是相互交织的。不同于大多数讨论算法与人的关系的研究，本研究将人们对于算法的认知起点追溯至与数据反馈相关的感知。这些数据反馈具体表现为流量。那些与用户的即时行为有关的数据变化比算法更容易被人们感知。由于算法对数据的组织起主导性作用，它设置了用户与数据交互的规则，并生成了进一步的数据①，因此，在用户的感知中，和算法的距离似乎比数据更远。在研究过程中，创作者们也总是先提起与流量有关的感受和想法，再转向关于算法的具体经验。因此，我将人们对流量的认知和反应视为人们对算法的感知的前置基础。唯有在对于流量这类的数据反馈产生思考之后，对算法的感知才可能萌生。人们对于算法的"意识"萌芽于一些偶然性的、个体化的遭遇时刻。正如第三章中讨论的吕先生的经历，产生算法意识的时刻是他在与朋友聊天的过程中被算法的力量惊吓到的时刻。显然，这些经历都是个性化的偶发事件，但最终指向的结果是人们不约而同地产生了算法意识。这些算法意识随着个体思考的深入逐渐发展为一系列算法解释，涉及对算法的实然和应然的假设，以及对算法运作机制的想象。由于碎片化的个体的算法解释有时并不能完全解释短视频创作者遇到的状况，因此它们常常会在算法社群中被共享，多种解释互相驳斥同时又互相激发，进而构建出集体的关于算法的社会性知识。

① Just N, Latzer M. Governance by algorithms: reality construction by algorithmic selection on the Internet[J]. *Media, Culture & Society*, 2017, 39(2): 238-258.

这些关于算法的社会性知识组织经验、产生推论、指导学习、影响行为和社会互动。[1]也就是说，这些算法的社会性知识为用户提供了执行一组特定行动策略的资源，通过这些策略，用户可以针对推荐算法制定不同的权力和阻力模式。[2]在理解算法的基础上，创作者们在更广泛的社会层面中形成了一系列应对算法的创造性方法和模式。这些方法和模式被定义为算法实践，其中一些实践倾向于对算法的顺从或协商，另一些则完全相反，代表一种定制的和秘密的抵抗形式，其目的甚至在于颠覆算法。其中，很多方法被创作者们普遍认为行之有效，并被概念化为一些关于算法的"方言"（vernacular），用于指涉特定的回应算法规则的模式，例如，"养号""连爆""拉时长"。算法作为人类和技术机构的独特整合[3]，已经导致了社会实践的根本变化。[4]最终，我们看到这些与算法相关的理解、知识和实践以一种集中的形式在短视频直播村、直播镇甚至直播城中呈现，它们改变了人们社会互动的规则，重塑了物质性和象征性的社区。

正如本书反复强调的，两条逻辑线索共同指向的概念算法绝不仅仅是一项技术，更是一种社会性的建构。算法之所以拥有强大力量，是因其本身被整合进入日常生活的方方面面，对人们的工作模式、生活方式以及社会的运作模式都产生了深刻影响。此外，算法的递归性又意味着其本身依靠人的行为数据再生产自己，其中当然包括人对算法做出反应的行为数据，因此，人们对算法的理解、反应，进而发展为社会系统的变化过程都是算法发展的根源所在，也是算法能施加强大影响的原因。

① Gelman S A, Legare C H. Concepts and folk theories[J]. *Annual Review of Anthropology*, 2011, 40: 379-398.

② Siles I, Segura-Castillo A, Solís R, et al. Folk theories of algorithmic recommendations on Spotify: Enacting data assemblages in the global South[J]. *Big Data & Society*, 2020, 7(1): 2053951720923377.

③ Napoli P. The algorithm as institution: Toward a theoretical framework for automated media production and consumption[C/OL]. Proceedings of the Media in Transition Conference, 2013[2020-10-25]:1–36. https://papers.ssrn.com/sol3/papers.cfm?abstract_id=2260923.

④ Van Dijck J, Poell T. Understanding social media logic[J]. *Media and Communication*, 2013, 1(1): 2-14.

第二节 "算法生活"的关键条件

前文所述的算法与人的复杂互动代表了现阶段的互联网新信息技术与我们的日常生活相互交织的一种形式。当下，算法不仅是中介我们的生活，更是"构成"我们的生活。正如罗杰·J.伯罗斯（Roger J. Burrows）所说："构成社会的'东西'已经发生了变化——它不再仅仅是源自复杂的社会关联和互动的涌现（emerging）属性。这些关联和互动现在不仅仅是由软件和代码中介的，它们正由软件和代码构成。"[①]因此，我将这种算法参与构成日常生活的过程和状态称为"算法生活"。

按照米歇尔·德·塞尔托（Michel de Certeau）的说法，"日常生活是透过以无数可能的方式利用外来的资源来发明自身"[②]，算法生活关切的也是普通人如何以自己的方式应对算法的介入，以及自己如何创造了日常生活。算法生活既关涉主体的想象，又关涉主体的实践，更促进了整个社会机制的改变。

当我们开始讨论"算法生活"这个概念时，我们首先应当关注算法生活构成的关键条件。我将算法生活构成的关键条件概括为算法的深度社会嵌入性和算法成为新形式可见性的中介。

1. 算法的深度社会嵌入性与技术无意识

我们比以往任何时候都要面对更多的信息过载和永久性内容饱和的问题，信息渠道过于拥挤，我们被持续的信息流淹没，阻碍了有意义的消费，

---

① Burrows R J. Afterword: Urban Informatics and Social Ontology[M]//Foth M. *Handbook of Research on Urban Informatics: The Practice and Promise of the Real-Time City*. Hershey: IGI Global, 2009: 450-454.

② De Certeau M. *The Practice of Everyday Life*[M]. Berkeley: University of California Press, 1984: xii.

导致了一种"信息流行病"（infodemic）。①我们必须借助算法来筛选、管理和解释海量的信息，并依照其建立的相对准确的关系进行有效连接。算法应召扫描和重述我们个人、私密、公共和专业生活的日常动态②，在我们的社会中越来越普及，效用越来越大。算法的运作对我们日常生活的形态和方向有着广泛且深刻的影响。我们发现，我们与谁通话，午饭吃什么，收听什么音乐，去到哪里旅游，买什么基金股票，甚至选择什么样的伴侣，其背后都隐含了算法的参与和显著影响。也就是说，我们的许多日常需求、决策和行动都委托给了人和算法的协同融合。③在前所未有的程度上，算法嵌入了我们所居住的世界。④它们渗透了社会的所有领域，正在塑造日常实践和任务，包括执行搜索、安全加密交换、推荐、模式识别、数据压缩、自动校正、预测、分析、模拟和优化的算法。⑤正是由于算法在构建日常生活时的嵌入式本质，算法生活才成为可能，我们将其视为社会世界不可或缺的一部分。

实际上，算法本身也无法与社会世界分离。算法事实上是关系的、偶然的、语境性的，在更广泛的社会—技术集合的背景下才能被勾勒。⑥比尔特别强调，"将算法视为一个技术性的、自包含的对象或社会过程的独立实体很可能是一个错误，算法不应被理解为存在于这些社会过程之外的对象"⑦。算法产生于社会环境，它是为了使人们理解和处理日常实践的线上迁

---

① Abidin C. From "networked publics" to "refracted publics": A companion framework for researching "below the radar" studies[J]. *Social Media+Society*, 2021, 7(1): 1-13; Hua J, Shaw R. Corona virus (Covid-19) "infodemic" and emerging issues through a data lens: The case of China[J]. *International Journal of Environmental Research and Public Health*, 2020, 17(7): 2309.

② 亚卡托. 数据时代[M]. 何道宽，译. 北京：中国大百科全书出版社，2021：72.

③ Willson M. Algorithms (and the) everyday[J]. *Information, Communication & Society*, 2017, 20(1): 137-150.

④ Amoore L. Piotukh, V. *Algorithmic Life: Calculative Devices in the Age of Big Data*[M]. London: Routledge, 2016.

⑤ MacCormick J. *Nine Algorithms that Changed the Future: The Ingenious Ideas that Drive Today's Computers*[M]. Princeton: Princeton University Press, 2013.

⑥ Kitchin R. Thinking critically about and researching algorithms[J]. *Information, Communication & Society*, 2017, 20(1): 14-29.

⑦ Beer D. The social power of algorithms[J]. *Information, Communication & Society*, 2017, 20:1, 1-13.

移而产生的巨大数据集而被设计和实施的技术结构，被编织成实践和结果，在社会环境中与其他部分共存。算法在社会系统中的角色既是情境性的人工制品又是以复杂方式与周围生态系统进行互动的生成过程。这是一个涉及技术——软件、代码、平台和基础设施——以及更广泛的人类设计、意图、受众和使用的生态系统。①

算法的深度社会嵌入性已被确认，但值得注意的是，算法依旧维持其隐匿的特征。就如科西莫·亚卡托（Cosimo Accoto）所说，"我们面对着一个有力而吊诡的隐喻：我们认为隐匿的东西，能产生明显的结果，但仍然是隐而不显的"②。也就是说，算法弥漫在日常生活之中，我们却常常对它视而不见，使其成为所谓的"隐形的可见"③。对于算法的这种容易被"视而不见"的特征，我们可以将其视为奈杰尔·思里夫特（Nigel Thrift）所强调的"技术无意识"④，强大的和不可知的信息技术的运作"产生"日常生活，尽管其架构和动力学是隐性的⑤。

算法的深度社会嵌入也依赖于这种对算法的"技术无意识"，甚至算法生活得以成为可能也与"技术无意识"有关。正是由于算法开始陷入其被认为理所当然的背景中⑥，其才会隐秘地、不被人察觉地介入日常生活的几乎所有方面。如马克·韦泽（Mark Weiser）所言，技术设计是否成功与其是否能隐匿有关，最深刻的技术将自己融入日常生活，以致使人察觉不出。⑦一旦被人熟悉，最影响人生存的技术就会从人的视野里消失，它们与生活本身就难以区分开了⑧。类比至算法，当算法成为日常生活的基础性框架时，"算法生活"也就由此而生了。

---

① Willson M. Algorithms (and the) everyday[J]. *Information, Communication & Society*, 2017, 20(1): 137-150.
② 亚卡托. 数据时代 [M]. 何道宽，译. 北京：中国大百科全书出版社，2021：15.
③ Chun W H K. *Programmed Visions: Software and Memory*[M]. Cambridge, MA: MIT Press, 2011.
④ Thrift N. *Knowing Capitalism*[M]. London: Sage, 2005.
⑤ 亚卡托. 数据时代 [M]. 何道宽，译. 北京：中国大百科全书出版社，2021：74.
⑥ Thrift N. *Knowing Capitalism*[M]. London: Sage, 2005:153.
⑦ Weiser M. The computer for the 21st century[J]. *Scientific American*, 1991, 265(3):94–104.
⑧ 亚卡托. 数据时代 [M]. 何道宽，译. 北京：中国大百科全书出版社，2021：11.

2. 算法成为新形式可见性的中介

在短视频这样的流量媒体上，内容创作者们无论出于何种动机进行创作（见第一章），其根本目的都在于获得可见性。[①] 但在本研究中，这种可见性以一种不同以往的形式呈现了出来。它既包含了创作者对普遍意义上的可见性的寻求，也包含了创作者对特定范围的可见性的寻求。许多短视频创作者表示，他们想要"涨"的"粉"是一群特定的对象，如果他们创作的内容吸引的不是特定的"粉丝"，则"涨粉"对他们来说并没有什么意义。例如，身为物理老师的微微想要吸引的粉丝只有初中生和他们的家长；身为唢呐演奏家的陈先生想要吸引的粉丝就是喜爱唢呐的音乐爱好者；知识类创作者梁先生也希望自己的粉丝都是和自己品位相似的群体。也就是说，他们所追求的是一种特定范围内的可见，而不是但丹娜·博伊德（Danah Boyd）所说的"巨大的潜在可见性"[②]。这种预期可见性更类似于阿比丁所说的"筒仓社会性"（silosociality），即内容的预期可见性是高度公共化和小范围的，这意味着内容是为特定的子单元（subcommunity）量身定做的，对于范围之外的人来说可能是难以解读的。[③] 但值得强调的是，普遍意义上的可见性并非完全不存在，同样有创作者表示希望获得尽可能高的可见性，而不在意是对谁"可见"。只是，可见性不再是一个单质的概念。在算法驱动的媒体中，这种实现特定连接的相互匹配的可见性被凸显了，成为建立在普遍可见性基础之上的需求的可能性。同时，这种可见性呈现出更复杂的子形态，特定范围的可见性意味着对另一些特定范围的不可见。当下，我们面对的是一个人类观众和机器观众同时在场的媒体环境，创作者们常常会希望通过某些有效的策略绕开或直接躲避机器观众的审核和监视，直

---

①   Zhang W, Chen Z, Xi Y. Traffic media: How algorithmic imaginations and practices change content production[J]. *Chinese Journal of Communication*, 2020, 14(1): 58-74.

②   Boyd D. Social network sites as networked publics: Affordances, dynamics, and implications[M]// Papacharissi Z. *Networked Self: Identity, Community, and Culture on Social Network Sites*. London: Routledge, 2010: 47-66.

③   Abidin C. From "networked publics" to "refracted publics": A companion framework for researching "below the radar" studies[J]. *Social Media+Society*, 2021, 7(1):1-13.

接将内容传递给希望传递的观众。不论是普遍意义上的潜在可见性、特定
范围的预期可见性还是特定范围的非可见性，都构成了算法驱动媒体中新
形式的可见性。这补充了之前关于数字媒体可见性的相关研究的缺漏，揭
示了现阶段互联网名人所寻求的可见性内部的复杂构成。

而可见性内部的复杂构成与算法紧密相关。这种新形式的可见性是被
算法所中介的，或者借用阿比丁提出的概念，是被算法所折射的。算法已
经成为"用户生成内容的看门人"，并在技术上构成了在线可见性。[①] 推荐
算法的机制（详见第三章第一节）决定了它能通过有效的关系学习将特定
的人与人、人与内容连接起来，因此在短视频平台上，特定范围的可见性
必须依靠算法来实现。如果将内容创作者及其创作的内容比作一个光源，
那么算法就像是折射光源的介质，改变光线的传播方向，将其投向另一个
特定区域。算法通过可见性规则或"算法识别性"来约束内容创作者[②]，内
容创作者如果想要维持或提高这种可见性，就必须参与算法的"可见性游
戏"[③]。由于算法成了新形式的可见性的中介，短视频内容创作者的根本目的
又在于获得这种可见性，因此他们必然卷入与算法的纠缠（entanglement）
之中。他们的算法生活就从这种与算法的纠缠互动中展开。

第三节　永恒变动：生存即更新

将这些短视频创作者的日常生活与算法的深度融合视作算法生活时，

① Bucher T. Want to be on the top? Algorithmic power and the threat of invisibility on Facebook[J]. *New Media & Society*, 2012, 14(7): 1164-1180.

② Gillespie T. The relevance of algorithms[M]//Gillespie T, Boczkowski P J, & Foot K A. *Media Technologies: Essays on Communication, Materiality, and Society*. Cambridge, MA: MIT Press, 2014: 167-193.

③ Cotter K. Playing the visibility game: How digital influencers and algorithms negotiate influence on Instagram[J]. *New Media & Society*, 2019, 21(4): 895-913.

很多场景就自然地出现在我的眼前了。甘肃山区，昏黄的傍晚时分，刚刚去老城拍摄了短视频的珍姐在她充满藏式风情的店里琢磨着为什么最近这阵的流量不如之前了，她嘀咕着："最近大主播都改话术了，我看我也得改。"因为新冠疫情而在家上了半年多网课的七朔终于重返校园，他很兴奋，不仅仅是因为重归正常的生活，更多是因为他的"校园"内容又可以更新了，这才是他的"流量密码"。海头镇，6 月闷热的午后，张哥和他的直播伙伴们刚刚参加完一个选品会，又聚在张哥家门口的马路边讨论了起来，这次他们决定换一种卖货方式，通过绿幕抠像把在工厂拍摄的生产画面作为主播直播的背景，在海头，每半个月这样的应对算法变化的直播模式更新就将出现一轮。

在这些实地观察的细节中，算法生活呈现出了一个显著特征——持续性的变动状态（a constant flux）。这种持续性的变动一方面源于算法本身的持续变动。算法是由人类结合技术可供性，在更广泛的政治、社会和文化环境中设计和实施的动态过程，这些环境是由战略和结构的持续互动形成的。[1]算法在本质上从来都不是固定的，而是不断涌现并展开的。[2]算法影响人们的算法解释和算法实践，因此算法的变化也不断传导至用户，用户的算法解释和算法实践因此也处于不断的变动之中。这些算法实践又以行为数据的形式重新输入给算法，形成反馈回路循环机制。因此，不论是人还是算法，都在这个反馈回路的递归中不断地变化。这一特征反映在直播村中，我们就得以观察到算法与人共同形成的反馈回路机制，同时又与平台、机构等相关联，使得整个生态都处在永恒的不稳定之中。

因此，可以说，算法生活意味着生存即更新[3]，唯有更新，人们才能适

---

① Willson M. Algorithms (and the) everyday[J]. *Information, Communication & Society*, 2017, 20(1): 137-150.

② Kitchin R. Thinking critically about and researching algorithms[J]. *Information, Communication & Society*, 2017, 20(1): 14-29.

③ 孙玮，李梦颖. 扫码：可编程城市的数字沟通力[J]. 福建师范大学学报（哲学社会科学版），2021（6）：132-143.

应处于永恒变动中的生态。对一个系统、应用和平台而言，更新是一个给定的实体活在世上的一个重要条件；相反，如果忘记更新，世间万物的生存就遭遇风险，许多相关的概念（身份、自主力、责任等）也遭遇风险[①]。

正是因为面对永恒的不稳定工作条件，创作者们必须理解和应对算法，所以我们看到创作者们在不断地更新自己。他们迅速地跟进算法的变化，始终试图加入与最新的算法互动反馈回路中去。直播村的主播们每半个月就生成一种新的直播模式，以应对算法的迭代。借用全喜卿（Wendy Hui Kyong Chun）的形容，在算法生活中，我们是更新的存在物："生存即更新：更新并受制于更新。"[②]同样，反过来说，如果失去了人们持续更新的行为数据集作为输入反馈，那么基于机器学习方法的算法也就是一潭死水，不迭代的算法毫无生命力可言。

第四节　颠覆性权力关系的生成？

当讨论了算法生活的关键条件和特征后，我们有必要对正在兴起的算法生活所造成的社会后果进行评估。算法广泛的社会嵌入意味着对于社会资源和社会权力的重新调整，正如拉希所言：

> 社会现在有了一套新的生存规则——算法的、生成性的规则，以补充结构性的、规范性的规则。这些规则被嵌入计算中，这是一种"通过算法获得力量的表达"；它们是"生成各种现实的虚拟"。它们被压缩和隐藏，我们遇到它们的方式与遇到结构性和规

---

① 亚卡托. 数据时代[M]. 何道宽，译. 北京：中国大百科全书出版社，2021：138.
② Chun W H K. *Programmed Visions: Software and Memory*[M]. Cambridge, MA: MIT Press, 2011.

范性规则的方式不同。它们是资本主义力量发挥作用的途径。①

当算法渗透进人们的生活之时，当算法作为规则超出人们的控制之时，它就崛起成了公众眼中的力量。就像迪亚科普洛斯所说："我们现在生活在一个算法决定我们生活中越来越多重要决定的世界……由大量数据驱动的算法是社会中新的权力经纪人。"②而"算法治理"（algorithmic governance）的概念就是将这种算法力量概念化的最广泛的方式。③每当算法系统干预社会秩序的时候，我们都可以将其称为"算法治理"。

从算法治理的角度来说，算法实施的过程就是权力实现的过程，算法因此嵌入社会权力的再生产。比尔认为，算法的力量在于其可编程性：通过算法可以引导用户体验、用户生产的内容和用户关系。④其功能可以被理解为排序和预测的政治，其力量在于它们做出选择、分类、排序的能力⑤。这就是算法"通过物质干预"推荐并影响日常决策的过程。算法还能通过"生产和维护某些真理"来传达某些概念并提供社会权力。⑥所以，算法远不是中立的，它本身就是构建并实现权力和知识的机制⑦，其使用具有规范性含义。⑧由此，一些研究者认为，算法越来越多地被用于推动、引导、挑衅、控制、操纵和约束人类行为。⑨

① Lash S. Power after Hegemony: Cultural studies in mutation[J]. *Theory, Culture and Society*, 2007, 24(3): 55-78.

② Diakopoulos N. Algorithmic accountability reporting: On the investigation of black boxes[R/OL]. Tow Center for Digital Journalism, [2020-09-23]. https://towcenter.columbia.edu/news/algorithmic-accountability-reporting-investigation-black-boxes.

③ Gritsenko D, Markham A, Pötzsch H, et al. Algorithms, contexts, governance: An introduction to the special issue[J]. *New Media & Society*, 2022, 24(4): 835-844.

④ Beer D. Power through the algorithm? Participatory web cultures and the technological unconscious[J]. *New Media & Society*, 2009, 11(6): 985-1002.

⑤ Beer D. The social power of algorithms[J]. *Information, Communication & Society*, 2017, 20: 1, 1-13.

⑥ Meng J. Discursive contestations of algorithms: A case study of recommendation platforms in China[J]. *Chinese Journal of Communication*, 2021: 1-17.

⑦ Kushner S. The freelance translation machine: Algorithmic culture and the invisible industry[J]. *New Media & Society*, 2013, 15(8): 1241-1258.

⑧ Anderson C W. Deliberative, agonistic, and algorithmic audiences: Journalism's vision of its public in an age of audience transparency[J]. *International Journal of Communication*, 2011, 5: 19.

⑨ Danaher J, Hogan M J, Noone C, et al. Algorithmic governance: Developing a research agenda through the power of collective intelligence[J]. *Big Data & Society*, 2017, 4(2): 2053951717726554.

平台经济的现状、大型科技公司的透明度和竞争行为、内容控制、监控基础设施的发展等等，这些更广泛的社会和经济动态正在警示我们，算法治理在权力行使方面发挥着越来越大的作用。这是一种通过自动化约束、控制社会和提高效率的资本积累的手段。①因此，在这个面向上，我们看到算法可能会巩固和强化既往的权力关系，就像在本书中我们看到的那样。平台通过算法分配流量这种资源来构建一种不平等的、不对称的可见性规则。流量作为一种涉及可见性和注意力占用的资源，成为短视频平台上通用的符号表征、衡量和评价的标准，甚至成为可供流通、交换的"货币"。控制流量的人获得权力，权力以流量的形式表现出来，而流量是通过算法进行分发的。平台通过不透明的且不断变化的算法向内容创作者分配流量来施加权力控制②，通过商品化流量，也就是可见性和注意力，使得创作者的创意劳动被进一步剥削。直播村中，直播基地、MCN机构、工会等掌握了远比普通的内容创作者更多的资源，相应地在实施算法实践、有效地应对算法规则和变动方面占据着明显的优势地位。

然而，通过考察短视频内容创作者的算法生活，我认为，与算法治理相比，算法生活的概念提供了另一个更加人性化的故事。算法治理关注的是算法作为评估、指导、调节和管理人类行为与非人类行为的社会技术实践③是如何施加影响的，其中隐含的倾向与隐秘的技术控制和操纵相关。尽管与算法治理的背景相似，但算法生活提供了一种自下而上的、日常的视角，让我们可以更好地理解经由算法重新调整的权力关系。

算法作为日常生活的一部分被以体验和遇到的方式成了"力量关系"

① Kitchin R. Thinking critically about and researching algorithms[J]. *Information, Communication & Society*, 2017, 20(1): 14-29.
② Zhang W, Chen Z, Xi Y. Traffic media: How algorithmic imaginations and practices change content production[J]. *Chinese Journal of Communication*, 2020, 14(1): 58-74.
③ Danaher J. The threat of algocracy: Reality, resistance and accommodation[J]. *Philosophy & Technology*, 2016, 29(3): 245-268.

的一部分，给了人们一个"反应的理由"①。随之而来的是，所有与算法相关的意识、解释、知识和实践，乃至整个社群和地方的改变不断发生。如前所述，在机器学习的背景之下，用户的反应能够通过系统的反馈回路对算法产生作用。用户在他们的生活中以各种各样的替代方法嵌入技术，使用不同的手段抵制、颠覆和重构算法的意图。从这个意义上说，算法绝不仅仅是技术性的概念，它们也是用户每天使用的东西。②当人们开始审视算法的力量，开始生成和分享他们对于算法的认知，开始用直觉性的策略应对算法给他们带来的影响，甚至形成像直播村这样的社会形态时，整个关于算法的权力关系网络就有了更多的层次和更复杂的多边角力。本书无意评价创作者的算法解释和算法知识正确与否，也无意衡量他们的算法实践在多大程度上是有效的，只是想以这些创造性的、定制的和秘密的对权力的抵抗形式③揭示在人与技术的关系问题上那些自下而上生发的可能。

正是由于人机之间的递归循环的存在，因此算法导致的权力关系的重新调整并不总是依照设计者预设的路线发展的，其结果也常常是意外的和不可预见的。也就是说，正是由于人们对于算法的这些认知和应对实践，算法系统的预期效果因此产生了不稳定的变动。与算法治理的技术控制视角不同，算法生活暗示了那些主导的权力结构之外的颠覆性可能。透过算法生活，我们可以看到旧有的权力关系结构在一些方面已现裂痕，一些颠覆性的新权力关系可能正在生成。

首先，就本书中所提及的短视频创作者而言，他们绝大多数并不属于我们以往想象当中的"算法专家"群体。"专家"的标签本身就充满了精英主义的色彩，与现有的文化权力不平等关系相连。所谓的"算法专家"，通

---

① Bucher T. The algorithmic imaginary: exploring the ordinary affects of Facebook algorithms[J]. *Information, Communication & Society*, 2017, 20(1): 30-44.

② Gillespie T. The relevance of algorithms[M]//Gillespie T, Boczkowski P J, & Foot K A. *Media Technologies: Essays on Communication, Materiality, and Society*. Cambridge, MA: MIT Press, 2014: 167-193.

③ Geesin B. Taxis and GPS Surveillance[EB/OL]. (2007-04-18)[2021-12-01]. http://www.bbc.co.uk/radio4/factual/thinkingallowed/thinkingallowed_20070418.shtml.

常被认为是那些受过系统的计算机专业知识和编程语言教育、熟知算法内部的运作和技术逻辑的人。但在实际的研究过程中，我不止一次惊叹于短视频创作者在与算法的博弈中展现出的智慧、坚持和适应力，很多时候他们对于具体的算法细节的理解，甚至比常识意义上的算法技术精英更加深入并且更具灵活性。大部分创作者的受教育程度显然不及算法技术精英，他们对于算法的理解也并非从算法的内部出发，而更多是经验的、集体协作的。这也是本书强调由外而内理解算法的必要性所在。在短视频创作者的实践中，我们看到算法的黑箱可能短时间内很难从内部被彻底揭示，但是可能在外部交互的试探性尝试中逐渐被解开。

这提示我们在更广泛的社会范围内，文化权力不平等的两端——大众和精英的关系正在发生变化。在前述的案例中，张姐这样不识字的中年女性通过观看短视频和直播以及与创作者社区内的松散对话来掌握与算法有关的知识；直播村中的创作者杰哥告诉我，海头崛起的头部主播无一例外都是普通大众，他们中有的是渔民，有的是菜贩，有的甚至无固定工作。为什么在这个过程中崛起的是这些人，而不是我们所说的那些算法技术精英呢？这是因为，不同于大部分有基本读写要求的媒介，短视频和直播一类的数字视觉媒体的重要特征之一就是低门槛，这是大众能够参与的媒介，也是他们能提高经济收入的为数不多的渠道之一，甚至对于其中一些人来说这是唯一的谋生手段。短视频平台的算法技术系统带来的持续不稳定的工作环境，在某种程度上确实使他们被迫地加入到与算法的纠缠之中，但这一过程也是他们试图获得对文化生产的控制权的过程。因为关系到生计问题，所以这些创作者远比算法技术精英更有动力加入到和算法的交互中去。在短视频平台环境中，理解算法和对算法做出有效回应是他们在竞争激烈的创意工作过程中必须具备的能力。同时，由于算法本身具有递归性，因此大多数创作者可以通过自身的反馈对其施加影响，这种可能性本身就蕴含了颠覆精英的可能。

其次，在算法生活中，一个显著的变化发生在性别关系领域。在本书中，我们看到珍姐和阿玉的"外嫁女"同盟体现了一种基于共同的身份认同结成的姐妹情谊（sisterhood）。做助播这样的工作使得阿玉可以灵活地安排自己的工作，方便照顾家中年幼的两个孩子。可以说，在短视频创作和直播成为新兴的创意职业之前，在舟曲当地一边照顾孩子一边从事全职的工作几乎是不可能的事。珍姐还想要扩大她的直播事业，在舟曲当地创办藏服品牌，这将吸纳一大批当地女性来从事藏服生产、加工和销售工作。珍姐谈到产生这种设想的缘由时说，她常常对当地女性的生活困境抱有同情，在舟曲这样的偏远省份的县城，大部分女性都只能在离家打工和留在家中做家庭主妇中做出抉择。珍姐期盼有一天能够靠直播事业的拓展壮大，改善当地女性的生活境况。

生活在贵州山区的三妹和她的铁粉姐妹的故事则显示出数字空间中姐妹情谊的延续，以及这种女性支持网络是如何在平台算法的条件下形成的。通过直播，三妹的铁粉姐妹不仅能够通过买货给予她经济上的支持，还能在闲聊中给予她情感上的支持。三妹家能够盖起新房，也大半归功于三妹的短视频创作收入，因此三妹的丈夫和公婆也从一开始的不闻不问转变为积极参与三妹的短视频创作工作中。现在，三妹的短视频带货生意规模逐渐扩大，2022 年一年她卖出了 15 吨有余的农副产品。如此大的销售订单量使得三妹一家已经很难独自应付了，现在三妹家同村的农户们也纷纷加入到三妹的短视频生意中，向她提供农副产品，以供平台中三妹的粉丝们购买。而这种加入也意味着传统观念的一次崩塌，三妹一开始创作短视频时，村里的邻居见她拿着手机玩个不停便谣传她在搞传销；而现在，随着三妹的成功，越来越多的村民开始认识到短视频可能带来的经济收益，并试图加入到三妹的供给团队中。经济收入的提高虽然并不必然使女性获得与男性平等的地位，但显而易见的是，这能提升她们在家庭和社会中的地位，获得经济上的部分自主权。

　　短视频创作提供了女性灵活就业的可能，在短视频一类的视觉媒体领域，女性创作者似乎更具优势。例如在直播村中，女性的主播总是更受欢迎，很多时候招工的告示上会明确要求只招聘年轻女性。但是，其他的女性特质也同样发挥着重要作用。在直播村的家户式创作团队中，女性也通常扮演出镜的角色，她们的丈夫通常都从事幕后协助工作，这样的工作分工被他们解释为女性显著高于男性的表达能力和镜头表现力。

　　在田野调查过程中，我发现不论是在发达的东部沿海城市还是在西部的偏远乡村，女性的短视频使用率都显著地高于男性。当我询问当地人其中的原因时，他们告诉我，很多男性对于新媒介的接受能力比女性更差，更不必说熟练使用和自己创作了。当地女性通过女性关系网积极地分享新媒介使用情况和算法相关知识，这些分享很多时候是在像晚上在村里的小广场聚集闲聊这样的场合发生的，而男性通常会认为参与这种闲散谈话有违自身的男性气概。在技术性层面的算法讨论中女性通常被排除在外，但在实际的经验中，社会性层面的算法知识生产却常常是由女性主导的，并且由一种闲散对话的方式被共享传播。这样的经验将启示我们应当重塑对算法数据和证据的思考方式，拓宽在研究算法时可以实际借鉴的来源。

　　但女性在民间算法知识生产领域的独特优势也可能正暗示算法的控制力量。在长期的性别不平等状况下，女性常常处于弱势地位，但也正是因为处于这种弱势的地位，女性的适应力显得比男性更强。而在现阶段，女性在民间算法知识生产领域所展现的灵活性和创作力可能正是由于算法就是一种新的宰制性的力量，在这种新型的控制之下，作为弱者的女性相较于男性显得更容易适应。

　　就女性创作者的情况而言，凭借在短视频创作领域和共享算法知识领域的优势，她们得以获得提高经济收入和家庭地位的可能。尽管这种颠覆性的改变在现在看来还不完全明确，有时还会以性别剥削的形式发生倒退，但它依然指向了一种性别关系上更平等的可能。

第五节　可编程世界："算法生活"的可能性

　　人和算法的协同演化使得一些颠覆性的权力关系成为可能，以往我们熟知的世界正在发生变化。正如亚卡托试图阐明通过代码什么样的世界和人正在兴起，本书认为算法生活指向了一种新世界的可能性——可编程世界。

　　何塞·范·戴克（José van Dijck）和托马斯·波尔（Thomas Poell）将可编程性定义为社交媒体平台触发和引导用户的创造性或交流性效用的能力，而用户通过与这些编码环境的交互，反过来可能会影响此类平台激活的传播和信息流[1]。也就是说，在他们看来，社交媒体的可编程性逻辑涉及双向的引导和影响：一方面是由算法主导的对人的塑造，类似比尔所认为的，算法的力量在于其可编程性，即程序员通过平台算法引导用户体验、用户生产的内容和用户关系[2]；另一方面是人本身也有能力塑造这些算法机制，即用户在控制可编程性的过程中保留了重要的能动性，这不仅是因为他们自己的效用，而且是因为他们可能抵制编码指令或违反算法协议。[3]范·戴克和波尔仅在社交媒体的逻辑中解释可编程性，但实际上可编程性早已可以拓展到更广泛的领域。

　　聚焦到算法生活，在本书中短视频创作者代表的一种新人类过着一种算法参与构成的日常生活。新人类新在人的数据化。以创作者为代表的用户的个人特征、个体经历被抽象转化为用户属性（如用户画像就是用户属性数据的可视化呈现方式），用户的行为被数据化为机器可读取的行为数据集，用户与用户之间的关系也以量化的数据来衡量和描述。同样，物也可以数据化，用户所使用的设备、买卖的商品、所处的地理位置等都被作为

① van Dijck J, Poell T. Understanding social media logic[J]. *Media and Communication*, 2013, 1(1): 2-14.
② Beer D. The social power of algorithms[J]. *Information, Communication & Society*, 2017, 20:1,1-13.
③ van Dijck J, Poell T. Understanding social media logic[J]. *Media and Communication*, 2013, 1(1): 2-14.

特征而被提取，进而被转化为数据。甚至，物可以"数据化一切以达至万物互联"[①]。人、物乃至一切都可以转化为数据并输入算法中进行计算，一切都可编程。同时，就如亚卡托所言，我们的数字世界和人工世界里的每一次行动都在两个层次上发展：一是与机器的互动使我们获得我们寻找的东西，二是这样的互动又教机器改进它对世界的认知（模型），改进它对我们的了解。[②]这意味着，人的数据化输入是会对算法起效的，只不过这需要以可编程的形式才能发挥效用。于是我们看到本书中所描述的创作者们开始以可编程的方式认知、思考和调整自身及其行动，以便在与算法互动的反馈回路中占据更有利的地位。进而，算法参与构成了我们的世界，它调节人与人的关系，以及人与物的关系，因而在更广泛的层面上，以直播村为代表的正在兴起的新社会形态中，算法展现了调节和重组社会、经济和文化的可能。因此，本书认为算法生活指向了一个可编程世界的可能性。

不同的人，不论自愿地还是被迫地，最终都将被卷入经由算法调节的可编程世界之中。我们不可避免地生活在算法参与建构的世界中，即使现在还未完全实现，但也已成为不可逆的趋势。但是，正如本书中我所反复强调的那样，算法技术看似强大而不可知，实际上却依赖于人的设计、反应和调整。因此，在可编程世界中，那些能够以可编程的方式构建关于算法的理解模型并做出回应，进而也就是经由算法参与到对世界的编程之中的人能获得更多的机会。与之相对，被可编程世界排斥或者说抛下的是那些无法及时地理解和应对算法的人。这也解释了既往的权力关系发生变动、新的权力关系正在生成的原因。

在算法生活中，既往的那套认知、实践和权力关系已现裂痕，旧的世界不断遭到侵蚀。算法生活提示我们一个新的世界——可编程世界正在徐徐升起。

① 孙玮，李梦颖. 扫码：可编程城市的数字沟通力[J]. 福建师范大学学报（哲学社会科学版），2021（6）：132-143.
② 亚卡托. 数据时代[M]. 何道宽，译. 北京：中国大百科全书出版社，2021：76.

参考文献

一、中文文献

奔跑的 Yancy. 视频多模态融合检测 [EB/OL]. (2018-03-06)[2021-08-30]. https://blog. csdn.net/lyxlleft/article/details/79461250.

陈昌凤，仇筠茜. "信息茧房"在西方：似是而非的概念与算法的"破茧"求解 [J]. 新闻大学，2020（1）：1-14，124.

陈向明. 质的研究方法与社会科学研究 [M]. 北京：教育科学出版社，2000.

楚亚杰. 超越接入：中国城市日常生活场景中的网吧研究 [D]. 上海：复旦大学，2013.

抖音电商：用内容创造消费流行——2022 抖音电商商品发展报告 [EB/OL]. (2022-10-24)[2023-06-10]. http://www.199it.com/archives/1509281.html.

凤凰网. 消息称 TikTok 全球日活突破 10 亿大关　此前仅有四个 App 达成此成就 [EB/OL]. (2022-10-18)[2023-01-22]. https://tech.ifeng.com/c/8KDQdxsIBm4.

海马云大数据. 抖音研究报告 [EB/OL]. [2021-11-20]. https://wenku.baidu.com/view/295686c2640e52ea551810a6f524ccbff121caa3.html.

洪杰文，陈嵘伟. 意识激发与规则想象：用户抵抗算法的战术依归和实践路径 [J]. 新闻与传播研究，2022（8）：28-56，126-127.

皇甫博媛. "算法崩溃"时分：从可供性视角理解用户与算法的互动 [J]. 新闻记者，2021（4）：55-64.

皇甫博媛. "算法游戏"：平台家长主义的话语建构与运作机制 [J]. 国际新闻界，2021（11）：111-129.

纪守领，李进锋，杜天宇，等. 机器学习模型可解释性方法、应用与安全研究综述 [J]. 计算机研究与发展，2019（10）：2071-2096.

卡思数据. 2019 抖音 VS 快手研究：2 大维度、10 项对比，带你参透平台 [EB/OL]. (2019-05-09)[2021-11-20]. https://mp.weixin.qq.com/s?_biz=MzUzMjI1MzkyNw==&mid=2247492833&idx=1&sn=bd3df2594867cd4cb3d19a3b3400c642&chksm=fab4b969cdc3307f49566899bfc7315c8cd8b5be1dadc10d5c342e1d25d8a1a710c9003c217b&mpshare=1&scene=23&srcid=.

库尔德利. 媒介、社会与世界：社会理论与数字媒介实践 [M]. 何道宽，译. 上海：复旦大学出版社，2014.

快手研究院. 直播时代：快手是什么Ⅱ [M]. 北京：中信出版集团，2021.

蓝鲸财经. 快手张帆：更重视长尾视频分发，头部视频播放量仅占30%[EB/
OL]. (2021-05-23)[2021-11-20]. http://www.p5w.net/news/tech/201905/
t20190523_2296197.html.

李小白. 义乌快递再次击穿1元！这次搅局者是拼多多和极兔[EB/OL]. (2021-04-05)
[2021-04-06]. https://mp.weixin.qq.com/s/KErMGL9nAnxCtgM-6X64EQ.

林宏贤，杨一凡. 快手村｜300农民放下锄头拿起画笔开直播：有人年入百万，有人
养活全家 [EB/OL]. (2019-08-15)[2021-04-06]. https://knewsmart.com/archives/13360.

陆晔，赖楚谣. 短视频平台上的职业可见性：以抖音为个案[J]. 国际新闻界，2020
（6）：23-39.

马纳西. Python深度学习实战：基于TensorFlow和Keras的聊天机器人以及人脸、物
体和语音识别 [M]. 刘毅冰，薛明，译. 北京：机械工业出版社，2019.

曼海姆. 意识形态与乌托邦 [M]. 黎鸣，李书崇，译. 北京：商务印书馆，2002.

Mr. Piglet. 推荐系统——冷启动问题 [EB/OL]. (2018-12-03)[2021-08-30]. https://blog.
csdn.net/qq_38931949/article/details/84765610.

帕里泽. 过滤泡：互联网对我们的隐秘操纵 [M]. 方师师，杨媛，译. 北京：中国人民
大学出版社，2020.

潘忠党. "玩转我的iPhone，搞掂我的世界！"——探讨新传媒技术应用中的"中介
化"和"驯化"[J]. 苏州大学学报（哲学社会科学版），2014（4）：153-162.

企鹅智库. 内容生态的再次进化：数字内容产业趋势报告（2020—2021）[EB/OL].
(2020-12-03)[2021-11-06]. https://new.qq.com/rain/a/20201203a09a9u00.

塞托. 日常生活实践 [M]. 方琳琳，黄春柳，译. 南京：南京大学出版社，2018.

桑斯坦. 信息乌托邦：众人如何生产知识 [M]. 毕竞悦，译. 北京：法律出版社，2008.

孙萍，邱林川，于海青. 平台作为方法：劳动、技术与传播 [J]. 新闻与传播研究，
2021（S1）：8-24，126.

孙玮，李梦颖. 扫码：可编程城市的数字沟通力 [J]. 福建师范大学学报（哲学社会科
学版），2021（6）：132-143.

汪雅倩. 从名人到"微名人"：移动社交时代意见领袖的身份变迁及影响研究 [J]. 新
闻记者，2021（3）：27-39.

王小贱. 深度学习的可解释性研究（一）——让模型具备说人话的能力 [EB/

OL]. (2018-05-24)[2021-09-22]. https://zhuanlan.zhihu.com/p/37223341?utm_
source=wechat_session&utm_medium=social&utm_oi=38963368689664.

威廉斯. 关键词: 文化与社会的词汇 [M]. 刘建基, 译. 北京: 生活·读书·新知三联书
店, 2005.

西尔弗斯通. 电视与日常生活 [M]. 陶庆梅, 译. 南京: 江苏人民出版社, 2004.

席勒. 信息拜物教: 批判与解构 [M]. 邢立军, 方军祥, 凌金良, 译. 北京: 社会科学
文献出版社, 2008.

项亮. "今日头条" 文章怎么被推荐 [EB/OL]. (2018-11-23)[2021-11-20]. https://www.
toutiao.com/i6627029288799453703/?tt_from=weixin&utm_campaign=client_
share&wxshare_count=2&from=singlemessage&timestamp=1552009626&app=
news_article&utm_source=weixin&isappinstalled=0&iid=65298204595&utm_
medium=toutiao_ios&group_id=6627029288799453703&pbid=6785520920733730308.

亚卡托. 数据时代 [M]. 何道宽, 译. 北京: 中国大百科全书出版社, 2021.

余敬中. 快手: 普惠 + 基尼系数的网络社区实验 [J]. 传媒, 2019 (5): 19-21.

张钹. 人工智能进入后深度学习时代 [J]. 智能科学与技术学报, 2019 (1): 4-6.

张钹, 朱军, 苏航. 迈向第三代人工智能 [J]. 中国科学: 信息科学, 2020 (9): 1281-
1302.

张鹂. 城市里的陌生人 [M]. 袁长庚, 译. 南京: 江苏人民出版社, 2013.

张萌. 从规训到控制: 算法社会的技术幽灵与底层战术 [J]. 国际新闻界, 2022 (1):
156-176.

张永锋. 个性化推荐的可解释性研究 [D]. 北京: 清华大学, 2016.

浙江日报. 义乌北下朱村: 1000 多个微商品牌 5000 多名带货主播 [EB/OL]. (2020-04-
21)[2021-04-06]. https://baijiahao.baidu.com/s?id=1664538035639463228&wfr=spid
er&for=pc.

中国互联网络信息中心（CNNIC）. 第 51 次中国互联网络发展状况统计报告 [R/OL].
(2023-03-02) [2023-06-10]. https://cnnic.cn/NMediaFile/2023/0322/MAIN16794
576367190GBA2HA1KQ.pdf.

中国经济网. 佟二堡迎来了第二春! 有人直播卖货半年挣 300 万 [EB/OL]. (2019-08-
20)[2021-04-06].https://baijiahao.baidu.com/s?id=1642375092619515748&wfr=spid
er&for=pc.

中信证券. 短视频行业深度研究系列 [EB/OL]. (2021-03-08)[2021-09-22]. https://

download.csdn.net/download/qq_29607687/15746413?utm_source=bbsseo.

二、英文文献

Abidin C. Communicative Intimacies: Influencers and Perceived Interconnectedness[J/ OL]. Ada, 2015, 8: 1-16[2021-11-12].https://adanewmedia.org/2015/11/issue8-abidin/.

Abidin C. "Aren't these just young, rich women doing vain things online?": Influencer selfies as subversive frivolity[J]. *Social Media+Society*, 2016, 2(2): 1-17.

Abidin C. Agentic cute (^.^): Pastiching East Asian cute in influencer commerce[J]. *East Asian Journal of Popular Culture*, 2016, 2(1): 33-47.

Abidin C. *Internet Celebrity: Understanding Fame Online*[M]. Bingley: Emerald Group Publishing, 2018.

Abidin C. Public shaming, Vigilante trolling, and Genealogies of Transgression on the Singaporean Internet[EB/OL]. (2019-04-03)[2021-11-16]. http://aoir.org/ aoirsymposiakeynotes.

Abidin C. From "networked publics" to "refracted publics": A companion framework for researching "below the radar" studies[J]. *Social Media+Society*, 2021, 7(1): 1-13.

Abidin C. Mapping Internet celebrity on TikTok: Exploring attention economies and visibility labours[J]. *Cultural Science Journal*, 2021, 12(1):77-104.

Abidin C. Minahs and minority celebrity: Parody YouTube influencers and minority politics in Singapore[J]. *Celebrity Studies*, 2021, 12(4): 598-617.

Abidin C, Ots M. The Influencer's dilemma: The shaping of new brand professions between credibility and commerce[C]//AEJMC 2015, Annual Conference, San Fransisco, CA, August 6–9. 2015.

Amoore L, Piotukh V. *Algorithmic Life: Calculative Devices in the Age of Big Data*[M]. London: Routledge, 2016.

Andersen J. Understanding and interpreting algorithms: Toward a hermeneutics of algorithms[J]. *Media, Culture & Society*, 2020, 42(7–8): 1479-1494.

Anderson C W. Deliberative, agonistic, and algorithmic audiences: Journalism's vision of its public in an age of audience transparency[J]. *International Journal of Communication*, 2011, 5: 19.

Arbesman S. *Overcomplicated: Technology at the Limits of Comprehension*[M]. London:

Penguin, 2017.

Beer D. Power through the algorithm? Participatory web cultures and the technological unconscious[J]. *New Media & Society*, 2009, 11(6): 985-1002.

Beer D. The social power of algorithms[J]. *Information, Communication & Society*, 2017, 20: 1, 1-13.

Berlant L. *Cruel Optimism*[M]. Durham: Duke University Press, 2011.

Bhandari A, Bimo S. Why's everyone on TikTok now? The algorithmized self and the future of self-making on social media[J]. *Social Media+Society*, 2022, 8(1): 20563051221086241.

Biddle S, Ribeiro P V, Dias T. Invisible censorship: TikTok told moderators to suppress posts by "ugly" people and the poor to attract new users[J/OL].The Intercept, (2020-03-16)[2021-11-23]. https://theintercept.com/2020/03/16/tiktok-app-moderatorsusers-discrimination.

Bishop S. Managing visibility on YouTube through algorithmic gossip[J]. *New Media & Society*, 2019, 21(11-12): 2589-2606.

Bishop S. Algorithmic experts: Selling algorithmic lore on YouTube[J]. *Social Media+ Society*, 2020, 6(1): 2056305119897323.

Blank G, Dutton W H. Age and trust in the Internet: The centrality of experience and attitudes toward technology in Britain[J]. *Social Science Computer Review*, 2012, 30(2): 135-151.

Boyd D. Social network sites as networked publics: Affordances, dynamics, and implications[M]// Papacharissi Z. *Networked Self: Identity, Community, and Culture Onsocial Network Sites*. London: Routledge, 2010: 47-66.

Bozdag E. Bias in algorithmic filtering and personalization[J]. *Ethics and Information Technology*, 2013, 15(3): 209-227.

Braudy L. *The Frenzy Of Renown: Fame And Its History*[M]. Oxford: Oxford University Press,1986.

Bucher T. *If... then: Algorithmic Power and Politics*[M]. New York: Oxford University Press, 2018.

Bucher T. Want to be on the top? Algorithmic power and the threat of invisibility on Facebook[J]. *New Media & Society*, 2012, 14(7): 1164-1180.

Bucher T. Neither black nor box: Ways of knowing algorithms[M]// Kubitschko S, Kaun A. *Innovative Methods in Media and Communication Research*. Cham: Palgrave Macmillan, 2016: 81-98.

Bucher T. The algorithmic imaginary: Exploring the ordinary affects of Facebook algorithms[J]. *Information, Communication & Society*, 2017, 20(1): 30-44.

Burgess J, Green J. *YouTube: Online Video and Participatory Culture*[M]. Hoboken: John Wiley & Sons, 2018.

Burrows R J. Afterword: Urban Informatics and Social Ontology[M]//Foth M. *Handbook of Research on Urban Informatics: The Practice and Promise of the Real-Time City*. Hershey: IGI Global, 2009: 450-454.

Chun W H K. *Programmed Visions: Software and Memory*[M]. Cambridge, MA: MIT Press, 2011.

Cohn J. *The Burden of Choice: Recommendations, Subversion, and Algorithmic Culture*[M]. New Brunswick: Rutgers University Press, 2019.

Cotter K. Playing the visibility game: How digital influencers and algorithms negotiate influence on Instagram[J]. *New Media & Society*, 2019, 21(4): 895-913.

Cotter K. Practical knowledge of algorithms: The case of BreadTube[J]. *New Media & Society*. 2022, 1-20.

Couldry N, Fotopoulou A, Dickens L. Real social analytics: A contribution towards a phenomenology of a digital world[J]. *The British Journal of Sociology*, 2016, 67(1): 118-137.

Craig D, Lin J, Cunningham S. *Wanghong as Social Media Entertainment in China*[M]. Cham: Palgrave MacMillan, 2021.

Crawford K. Can an algorithm be agonistic? Ten scenes from life in calculated publics[J]. *Science, Technology, & Human Values*, 2016, 41(1): 77-92.

Danaher J. The threat of algocracy: Reality, resistance and accommodation[J]. *Philosophy & Technology*, 2016, 29(3): 245-268.

Danaher J, Hogan M J, Noone C, et al. Algorithmic governance: Developing a research agenda through the power of collective intelligence[J]. *Big Data & Society*, 2017, 4(2): 2053951717726554.

de Certeau M. *The Practice of Everyday Life*[M]. Berkeley: University of California Press,

1984.

de Peuter G, Cohen N. Emerging labour politics in creative industries[M]// Oakley K, O'Connor J. *The Routledge Companion to the Cultural Industries*. New York: Routledge, 2015: 305–318.

Deuze M. Media life[J]. *Media, Culture & Society*, 2011, 33(1): 137-148.

DeVito M A, Birnholtz J, Hancock J T, et al. How people form folk theories of social media feeds and what it means for how we study self-presentation[C]//Proceedings of the 2018 CHI conference on human factors in computing systems. 2018: 1-12.

DeVito M A. Adaptive folk theorization as a path to algorithmic literacy on changing platforms[C/OL]. The ACM on Human-Computer Interaction, 2021[2022-10-08]. https://cmci.colorado.edu/idlab/assets/bibliography/pdf/DeVito-adaptivefolk2021.pdf.

DeVito M A., Gergle D, Birnholtz J. "Algorithms ruin everything" # RIPTwitter, Folk Theories, and Resistance to Algorithmic Change in Social Media[C]//Proceedings of the 2017 CHI conference on human factors in computing systems. 2017:3163-3174.

Diakopoulos N. Algorithmic accountability reporting: On the investigation of black boxes[R/OL]. Tow Center for Digital Journalism, 2014[2020-09-23]. https://towcenter.columbia.edu/news/algorithmic-accountability-reporting-investigation-black-boxes.

Dogruel L. Folk theories of algorithmic operations during Internet use: A mixed methods study[J]. *The Information Society*, 2021, 37(5): 287-298.

Doshi-Velez F, Kim B. Towards a rigorous science of interpretable machine learning[J]. *arXiv preprint arXiv*: 1702.08608, 2017.

Dourish P. Algorithms and their others: Algorithmic culture in context[J]. *Big Data & Society*, 2016, 3(2): 2053951716665128.

Duffy B E, Hund E. "Having it all" on social media: Entrepreneurial femininity and self-branding among fashion bloggers[J]. *Social Media+Society*, 2015, 1(2): 2056305115604337.

Eslami M, Rickman A, Vaccaro K, et al. " I always assumed that I wasn't really that close to [her]" Reasoning about Invisible Algorithms in News Feeds[C]//Proceedings of the 33rd annual ACM conference on human factors in computing systems. 2015: 153-162.

Fairchild C. Building the authentic celebrity: The "Idol" phenomenon in the attention economy[J]. *Popular Music and Society*, 2007, 30(3): 355-375.

Galloway A R. *Gaming: Essays on Algorithmic Culture*[M]. Minneapolis: University of Minnesota Press, 2006: 90.

Gamson J. The unwatched life is not worth living: The elevation of the ordinary in celebrity culture[J]. *PMLA/Publications of the Modern Language Association of America*, 2011, 126(4): 1061-1069.

Geesin B. Taxis and GPS Surveillance[EB/OL]. (2007-04-18)[2021-12-01]. http://www.bbc.co.uk/radio4/factual/thinkingallowed/thinkingallowed_20070418.shtml.

Gelman S A, Legare C H. Concepts and folk theories[J]. *Annual Review of Anthropology*, 2011, 40: 379-398.

Gillespie T. The relevance of algorithms[M]// Gillespie T, Boczkowski P J, Foot K A. *Media Technologies: Essays on Communication, Materiality, and Society*. Cambridge, MA: MIT Press, 2014: 167-193.

Gillespie T. *Custodians of the Internet: Platforms, Content Moderation, and the Hidden Decisions that Shape Social Media*[M]. New Haven: Yale University Press, 2018.

Goffey A. Algorithm[M]// Fuller M. *Software Studies—A Lexicon*. Cambridge, MA: MIT Press, 2008: 15-20.

Gottdiener M. *The Social Production of Urban Space*[M]. Austin: University of Texas Press, 2010.

Gran A B, Booth P, Bucher T. To be or not to be algorithm aware: A question of a new digital divide?[J]. *Information, Communication & Society*, 2021, 24(12): 1779-1796.

Gritsenko D, Markham A, Pötzsch H, et al. Algorithms, contexts, governance: An introduction to the special issue[J]. *New Media & Society*, 2022, 24(4): 835-844.

Guerra A, d'Andréa C. Crossing the algorithmic'Red Sea': Brazilian ubertubers' ways of knowing surge pricing[J]. *Information, Communication & Society*, 2022: 1-19.

Guo L, Liang J, Zhu Y, et al. Collaborative filtering recommendation based on trust and emotion[J]. *Journal of Intelligent Information Systems*, 2019, 53(1):113-135.

Guthrie S. Internet influencers as new celebrity[EB/OL]. (2016-09-09)[2021-11-16]. https://sabguthrie.info/internet-influencers-as-newcelebrity/.

Hallinan B, Striphas T. Recommended for you: The Netflix Prize and the production of algorithmic culture[J]. *New Media & Society*, 2016, 18(1): 117-137.

Hardin R. If it rained knowledge[J]. *Philosophy of the Social Sciences*, 2003, 33(1): 3-24.

Hua J, Shaw R. Corona virus (Covid-19) "infodemic" and emerging issues through a data lens: The case of China[J]. *International Journal of Environmental Research and Public Health*, 2020, 17(7): 2309.

Huffaker D. Dimensions of leadership and social influence in online communities[J]. *Human Communication Research*, 2010, 36(4): 593-617.

Ibrahim M, Louie M, Modarres C, et al. Global explanations of neural networks: Mapping the landscape of predictions[C]//Proceedings of the 2019 AAAI/ACM Conference on AI, Ethics, and Society. 2019: 279-287.

Introna L D. Algorithms, governance, and governmentality: On governing academic writing[J]. *Science, Technology, & Human Values*, 2016, 41(1): 17-49.

Just N, Latzer M. Governance by algorithms: Reality construction by algorithmic selection on the Internet[J]. *Media, Culture & Society*, 2017, 39(2): 238-258.

Khamis N N, Za'bah N F, Mansor A F, et al. Arduino-based biosensor impedance measurement[C]//2016 International Conference on Computer and Communication Engineering (ICCCE). IEEE, 2016: 191-194.

Kim B, Doshi-Velez F. Interpretable machine learning: Exploratory data analysis and bayesian models[EB/OL].[2021-09-22]. https://icml.cc/Conferences/2017/Tutorials.

Kitchin R. Thinking critically about and researching algorithms[J]. *Information, Communication & Society*, 2017, 20(1): 14-29.

Kotkov D, Wang S, Veijalainen J. A survey of serendipity in recommender systems[J]. *Knowledge-Based Systems*, 2016, 111: 180-192.

Kowalski R. Algorithm= logic+control[J]. *Communications of the ACM*, 1979, 22(7): 424-436.

Kropotkin K P. *Mutual Aid: A Factor of Evolution*[M]. London: Freedom Press, 1987.

Kushner S. The freelance translation machine: Algorithmic culture and the invisible industry[J]. *New Media & Society*, 2013, 15(8): 1241-1258.

Kutthakaphan R, Chokesamritpol W. The use of celebrity endorsement with the help of electronic communication channel (instagram): Case study of magnum ice cream in Thailand[M/OL]. (2013-06-17)[2021-11-12]. http://urn.kb.se/

resolve?urn=urn:nbn:se:mdh: diva-19135.

Lai C. The making of a livestreaming village: Algorithmic practices and place-making in North Xiazhu[J]. *Chinese Journal of Communication*, 2022, 15(4): 489-511.

Lash S. Power after Hegemony: Cultural studies in mutation[J]. *Theory, Culture and Society*, 2007, 24(3): 55-78.

Li A K. Papi Jiang and microcelebrity in China: A multilevel analysis[J]. *International Journal of Communication*, 2019, 13: 19.

Lin G, Xie X, Lü Z. Taobao practices, everyday life and emerging hybrid rurality in contemporary China[J]. *Journal of Rural Studies*, 2016, 47: 514-523.

Lin J, de Kloet J. Platformization of the unlikely creative class: Kuaishou and Chinese digital cultural production[J]. *Social Media+Society*, 2019, 5(4): 1-12.

Lomborg S, Kapsch P H. Decoding algorithms[J]. *Media, Culture & Society*, 2020, 42(5): 745-761.

Lupton D. *Digital Sociology*[M]. London: Routledge, 2014.

MacAulay M. Status update: Celebrity, publicity, and branding in the social media age[J]. *Canadian Journal of Communication*, 2015, 40(1): 143.

MacCormick J. *Nine Algorithms that Changed the Future: The Ingenious Ideas that Drive Today's Computers*[M]. Princeton: Princeton University Press, 2013.

Marwick A E, Boyd D. I tweet honestly, I tweet passionately: Twitter users, context collapse, and the imagined audience[J]. *New Media & Society*, 2011, 13(1): 114-133.

Marwick A E, Boyd D. To see and be seen: Celebrity practice on Twitter[J]. *Convergence*, 2011, 17(2): 139-158.

Marwick A E. Instafame: Luxury selfies in the attention economy[J]. *Public Culture*, 2015, 27(1): 137-160.

Massanari A. # Gamergate and The Fappening: How Reddit's algorithm, governance, and culture support toxic technocultures[J]. *New Media & Society*, 2017, 19(3): 329-346.

McGrath B. Search and destroy: Nick Denton's blog empire [J/OL]. *The New Yorker*, (2010-10-18)[2020-10-15]. http://www.newyorker.com/magazine/2010/10/18/search-and-destroy-2.

Meng J. Discursive contestations of algorithms: a case study of recommendation platforms in China[J]. *Chinese Journal of Communication*, 2021: 1-17.

Miyazaki S. Algorhythmics: Understanding micro-temporality in computational cultures[J]. *Computational Culture*, 2012, 2: 1-16.

Möller J, Trilling D, Helberger N, et al. Do not blame it on the algorithm: an empirical assessment of multiple recommender systems and their impact on content diversity[J]. *Information, Communication & Society*, 2018, 21(7): 959-977.

Napoli P. The algorithm as institution: Toward a theoretical framework for automated media production and consumption[C/OL]. Proceedings of the Media in Transition Conference, 2013[2020-10-25]: 1-36. https://papers.ssrn.com/sol3/papers.cfm?abstract_id=2260923.

Neyland D. On organizing algorithms[J]. *Theory, Culture & Society*, 2015, 32(1): 119-132.

Nieborg D B, Poell T. The platformization of cultural production: Theorizing the contingent cultural commodity[J]. *New Media & Society*, 2018, 20(11): 4275-4292.

O'Meara V. Weapons of the chic: Instagram influencer engagement pods as practices of resistance to Instagram platform labor[J]. *Social Media+Society*, 2019, 5(4): 205630511987967.

Orlikowski W J, Gash D C. Technological frames: Making sense of information technology in organizations[J]. *ACM Transactions on Information Systems (TOIS)*, 1994, 12(2): 174-207.

Pasquale F. *The Black Box Society: The Secret Algorithms that Control Money and Information*[M]. Cambridge, MA: Harvard University Press, 2015.

Pérez Rufí J P, Gómez Pérez F J. Internet celebrities: fama, estrellas fugaces y comunicación digital[C]//La metamorfosis del espacio mediático. V Congreso Internacional Comunicacióny Realidad. 2009: 229-238.

Petre C. The traffic factories: Metrics at chartbeat, gawker media, and the New York Times[R/OL].Tow Center for Digital Journalism, Columbia University, 2017 [2021-11-18]. https://academiccommons.columbia.edu/doi/10.7916/D80293W1.

Prey R. Nothing personal: Algorithmic individuation on music streaming platforms[J]. *Media, Culture & Society*, 2018, 40(7): 1086-1100.

Proferes N. Information flow solipsism in an exploratory study of beliefs about Twitter[J]. *Social Media+Society*, 2017, 3(1): 2056305117698493.

Rader E, Gray R. Understanding user beliefs about algorithmic curation in the Facebook news feed[C]//Proceedings of the 33rd annual ACM conference on human factors in computing systems. 2015: 173-182.

Schellewald A. Theorizing "stories about algorithms" as a mechanism in the formation and maintenance of algorithmic imaginaries[J]. *Social Media+Society*, 2022, 8(1): 20563051221077025.

Seaver N. Algorithms as culture: Some tactics for the ethnography of algorithmic systems[J]. *Big Data & Society*, 2017, 4(2): 1-12.

Seaver N. Knowing algorithms[M]//*digitalSTS: A Field Guide for Science & Technology Studies*. Princeton: Princeton University Press, 2019: 412-422.

Sedgewick R, Wayne K. Algorithms[M]. Boston: Addison-wesley professional, 2011.

Senft T M. Microcelebrity and the branded self[M]// Hartley J, Burgess J, Bruns A. *A Companion to New Media Dynamics*. Malden: Blackwell Publishing, 2013: 346-354.

Siles I, Segura-Castillo A, Solís R, et al. Folk theories of algorithmic recommendations on Spotify: Enacting data assemblages in the global South[J]. *Big Data & Society*, 2020, 7(1): 2053951720923377.

Srivastava N, Hinton G, Krizhevsky A, et al. Dropout: A simple way to prevent neural networks from overfitting[J]. *The Journal of Machine Learning Research*, 2014, 15(1): 1929-1958.

Steiner C. *Automate This: How Algorithms Took over Our Markets, Our Jobs, and the World*[M]. New York: Portfolio, 2012.

Striphas T. Algorithmic culture[J]. *European Journal of Cultural Studies*, 2015, 18(4-5): 395-412.

Sujon Z, Dyer H T. Understanding the social in a digital age[J]. *New Media & Society*, 2020, 22(7): 1125-1134.

Sun P. Your order, their labor: An exploration of algorithms and laboring on food delivery platforms in China[J]. *Chinese Journal of Communication*, 2019, 12(3): 308-323.

Tan C K K, Wang J, Wangzhu S, et al. The real digital housewives of China's Kuaishou video-sharing and live-streaming app[J]. *Media, Culture & Society*, 2020, 42(7-8): 1243-1259.

Thompson J B. The new visibility[J]. *Theory, Culture & Society*, 2005, 22(6): 31-51.

Thrift N. *Knowing Capitalism*[M]. London: Sage, 2005.

Turk V. What happened when I let algorithms run my life for a week[EB/OL]. Wired,

(2019-05-30)[2021-11-07]. https://www.wired.co.uk/article/algorithm-decision-making.

Turner G. *Understanding Celebrity*[M]. Angeles: Sage, 2004.

Usher B. Rethinking microcelebrity: Key points in practice, performance and purpose[J]. *Celebrity Studies*, 2020, 11(2): 171-188.

van der Nagel E. "Networks that work too well": intervening in algorithmic connections[J]. *Media International Australia*, 2018, 168(1): 81-92.

Van Dijck J, Poell T, De Waal M. *The Platform Society: Public Values in A Connective World*[M]. Oxford: Oxford University Press, 2018.

Van Dijck J, Poell T. Understanding social media logic[J]. *Media and Communication*, 2013, 1(1): 2-14.

Vonderau P. The Spotify effect: Digital distribution and financial growth[J]. *Television & New Media*, 2019, 20(1): 3-19.

Weiser M. The computer for the 21st century[J]. *Scientific American*, 1991, 265(3): 94-104.

Wenger E. *Communities of Practice: Learning, Meaning, and Identity*[M]. Cambridge, MA: Cambridge University Press, 1999.

Willson M. Algorithms (and the) everyday[J]. *Information, Communication & Society*, 2017, 20(1): 137-150.

Wissinger E. *This Year's Model*[M]. New York: New York University Press, 2015.

Xu L, Yan X, Zhang Z. Research on the causes of the "TikTok" app becoming popular and the existing problems[J]. *Journal of Advanced Management Science*, 2019, 7(2): 59-63.

Yang P, Tang L. "Positive Energy": Hegemonic intervention and online media discourse in China's Xi Jinping Era[J]. *China: An International Journal*, 2018, 16(1): 1-22.

Ytre-Arne B, Moe H. Folk theories of algorithms: Understanding digital irritation[J]. *Media, Culture & Society*, 2021, 43(5): 807-824.

Zhang W, Chen Z, Xi Y. Traffic media: How algorithmic imaginations and practices change content production[J]. *Chinese Journal of Communication*, 2020, 14(1): 58-74.

Zheng Y, Mobasher B, Burke R. Emotions in context-aware recommender systems[M]// Tkalčič M, De Carolis B, de Gemmis M, Odić A, Košir A. *Emotions and Personality in Personalized Services*. Cham: Springer International Publishing, 2016: 311-326.

附录　访谈对象基本情况

序号	受访者	性别	年龄	角色身份	教育程度	访谈方式
1	张姐	女	49	主播	未上过学	线上访谈
2	三妹	女	29	短视频博主、主播	初中	线上访谈
3	陈先生	男	34	短视频博主、主播	本科	线上访谈
4	小安	男	24	短视频博主、主播	大专	线上访谈
5	飘飘	女	25	短视频博主	本科	线上访谈
6	路路	女	25	短视频博主	硕士	线上访谈
7	福福	女	23	短视频博主、主播	职高	线上访谈
8	余姐	女	52	短视频博主	大专	线上访谈
9	于姐	女	63	短视频博主、主播	高中	线上访谈
10	梁先生	男	49	短视频博主、主播	本科	线上访谈
11	李先生	男	28	短视频博主、主播	初中	线上访谈、面对面
12	吕先生	男	29	短视频博主	大专	线上访谈、面对面
13	帮主	男	33	短视频博主、供应链老板	本科	线上访谈
14	杰哥	男	27	短视频博主、主播、主播团队负责人	高中	面对面
15	张哥	男	27	短视频博主、主播、主播团队负责人	高中	面对面
16	海姐	女	42	短视频博主、主播	本科	线上访谈
17	曹姐	女	67	短视频博主	初中	线上访谈
18	苟先生	男	33	短视频博主	博士	线上访谈
19	楚先生	男	26	短视频博主、主播	本科	线上访谈
20	新洋	男	24	短视频博主、主播	职高	线上访谈
21	小任	男	22	短视频博主、主播	初中	线上访谈
22	微微	女	24	短视频博主、主播	本科	线上访谈
23	张先生	男	35	算法技术管理人员	本科	线上访谈
24	珍姐	女	30	短视频博主、主播	初中	线上访谈、面对面
25	威哥	男	29	短视频博主、主播、信息中介	本科	线上访谈、面对面
26	葛子	男	30	短视频博主、主播	初中	线上访谈
27	佟佟	男	32	短视频博主、主播	大专	线上访谈
28	大山	男	35	短视频博主、主播、供应链老板	初中	面对面

续表

序号	受访者	性别	年龄	角色身份	教育程度	访谈方式
29	小聪	男	18	主播	高中	面对面
30	思思	女	30	短视频博主、主播	本科	面对面
31	鹏鹏	男	27	短视频博主、主播、主播团队负责人	初中	面对面
32	梁小姐	女	27	平台工作人员	硕士	面对面
33	石先生	男	26	媒体工作人员	本科	面对面
34	军哥	男	27	短视频博主、主播、主播团队负责人	初中	面对面
35	小树	男	31	短视频博主	本科	线上访谈、面对面
36	七朔	男	19	短视频博主、主播	本科	线上访谈
37	五哥	男	48	短视频博主、主播	本科	线上访谈
38	山哥	男	26	短视频博主、主播	初中	线上访谈
39	滋滋	女	29	算法技术人员	硕士	面对面
40	久久	女	24	短视频博主	本科	线上访谈
41	小柯	男	27	短视频博主、团队运营负责人	本科	线上访谈
42	黄先生	男	30	算法技术人员	本科	线上访谈
43	欧洁	女	52	短视频博主	大专	线上访谈
44	凯哥	男	33	短视频博主、主播、MCN机构工作人员	本科	线上访谈
45	小宽	男	24	短视频博主、主播、算法知识售卖者	初中	线上访谈、面对面
46	大当	男	27	短视频博主、主播、算法知识售卖者	高中	线上访谈、面对面
47	刘姐	女	70	短视频博主、主播	硕士	线上访谈
48	凡哥	男	27	媒体工作人员	硕士	面对面
49	大超	男	28	短视频博主、主播	高中	线上访谈、面对面
50	阿玉	女	30	助播	大专	面对面
51	朱姐	女	49	主播	高中	线上访谈
52	肖先生	男	31	供应链老板	大专	线上访谈、面对面
53	世伟	男	24	供应链老板、信息中介	初中	线上访谈
54	成哥	男	28	短视频博主、供应链老板	初中	面对面
55	岳姐	女	34	短视频博主、主播	初中	线上访谈
56	阿坤	男	27	供应链老板	高中	线上访谈、面对面